Johannes Bolte

Der Bauer im deutschen Liede

32 Lieder des 15. - 19. Jahrhunderts

Johannes Bolte

Der Bauer im deutschen Liede

32 Lieder des 15. - 19. Jahrhunderts

ISBN/EAN: 9783743405196

Hergestellt in Europa, USA, Kanada, Australien, Japan

Cover: Foto ©Thomas Meinert / pixelio.de

Manufactured and distributed by brebook publishing software (www.brebook.com)

Johannes Bolte

Der Bauer im deutschen Liede

DER BAUER IM DEUTSCHEN LIEDE.

32 LIEDER DES 15.—19. JAHRHUNDERTS

NEBST EINEM ANHANGE

HERAUSGEGEBEN

VON

JOHANNES BOLTE.

ABDRUCK AUS DEN ACTA GERMANICA I, 3.

BERLIN,
MAYER UND MÜLLER.
1890.

DER
GESELLSCHAFT FÜR DEUTSCHE PHILOLOGIE
IN BERLIN
ZUR
DREIZEHNTEN WIEDERKEHR
IHRES STIFTUNGSTAGES.

VORWORT.

Im Jahre 1776 erschien zu Kempten ein Büchlein 'Vermischte Bauern-Lieder. Aus den besten neuen deutschen Dichtern gesammelt'. Die ungenannten Herausgeber wollten darin 'den unschuldigen und glücklichen Stand des Landlebens denkenden Landleuten' schildern und teuer machen. Die vorliegende Sammlung verfolgt einen andern Zweck. Sie soll, nachdem die Lieder der Handwerker, Bergleute, Studenten, Soldaten von O. Schade, R. Köhler, den Brüdern Keil und H. Ziegler der litterargeschichtlichen Betrachtung bequem zugänglich gemacht worden sind, an einigen Beispielen darlegen, welche Rolle der Bauernstand in der deutschen Volkslyrik der letzten fünf Jahrhunderte gespielt hat.

Unsre Auswahl giebt nur unedierte Stücke, zumeist aus Handschriften und fliegenden Blättern der Königlichen Bibliothek zu Berlin. Ein angehängtes Verzeichnis anderer, in verschiedenen Volksliedersammlungen und Zeitschriften verstreuter Lieder möchte, so lückenhaft es ist, als Materialsammlung für eine umfassendere Behandlung der Bauern als Gegenstand der Dichtung dienen. Wir haben uns nicht auf das Volkslied im engeren Sinne, das so oft von der Kunstdichtung beeinflusst wurde und dieselbe beeinflusste, beschränkt, wohl aber die nicht für den Gesang bestimmten Stücke von den strophischen Dichtungen geschieden. Dass die Loblieder des Bauernstandes oft hölzern und ungelenk, die zahlreichen Spottlieder keck und derb bis zur Unfläterei werden, kann kaum befremden; allzu garstige oder unbedeutende Reimereien wurden ausgeschlossen. Die Schreibweise der Vorlagen ist genau wiedergegeben;

nur glaubte der Herausgeber durch Regelung der grossen und kleinen Anfangsbuchstaben und der Interpunktion das Verständnis der Leser erleichtern zu müssen. Bei der Beurteilung der Worterklärungen bittet er um die freundliche Nachsicht, welche eine in wenigen Wochen geplante, ausgeführte und gedruckte Gelegenheitsschrift billigerweise beanspruchen darf.

Aus der Blütezeit des deutschen Volksliedes, dem 15. und 16. Jahrhundert, ist uns von characteristischen Aeusserungen der Bauern über sich selbst wenig überliefert. Zwar erklangen beim Tanz unter der grünen Dorflinde oder beim Rocken in der winterlichen Spinnstube alte Heldenlieder und Balladen, auch die urgermanische Freude am Leben des Waldes und der Flur, am Siege des Sommers über den Winter und die kurzen vierzeiligen Liebeslieder der Burschen und Mädchen lebten fort, aber zur Reflexion über die alltäglichen Geschäfte des Ackerbaues, zu einer Vergleichung mit andern Berufsarten erhob sich die Poesie der Landleute schwerlich, so sehr sie auch das Übergewicht der andern Stände und ihre Bedrückung empfanden. Denn längst waren die freien Bauern, welche der ritterliche Sänger Neidhart schildert, zu Unfreiheit und Roheit herabgesunken. Adlige und Städter gewöhnten sich, wie Freytag sagt, im Gefühle einer höheren Bildung und kunstvolleren Sitte den Landmann zu verhöhnen. 'Seine ungeschlachte Esslust, plumpe Einfalt und betrügerische Pfiffigkeit werden mit endlosem Spott übergossen in Liedern, Erzählungen, Schwänken, Fastnachtsspielen'. Und auf diesem Gebiet vermochten die Angegriffenen nicht Gleiches mit Gleichem zu erwidern. Während die Preislieder der Handwerker, der Soldaten, der Studenten, der Jäger von Angehörigen dieser Stände ausgehen, haben die älteren Lobpreisungen des Bauernstandes offenbar Nichtbauern zu Verfassern. Denn allerdings erstehen ihm gegenüber der bis tief ins 17. Jahrhundert fortgehenden allgemeinen Verhöhnung auch manche Verteidiger. Gleichzeitig mit der satirischen Richtung Neidharts und seiner Nachfolger, zu denen man auch den bairischen Adligen Heselloher im 15. Jahrhundert rechnen kann, erinnern Frauenlob und Regenbogen ernst alle drei Stände an ihre Pflichten (MSH 3, 145b. 2, 309a), nicht minder preist Heinrich der Teichner (Karajan S. 83) den wackren Baumann, und die mit den Bauern wenig glimpflich umgehende Satire 'Des Teufels Netz' urteilt doch (V. 12414): 'Wan allü fröd wär gar zenicht, wär des bumans nicht'. Lachte man in Nürnberg weidlich über die Bauerntölpel des Fastnachtsspieles, so ergötzten sich anderwärts auch die Städter an den gegen sie gerichteten Streichen des Bauern Eulenspiegel, und die um das Jahr 1520 zahlreich erscheinenden prosaischen Flugschriften führten gern die Figur eines verständigen und arbeitsamen Bauern ein, der sein gesundes Urteil über die grossen religiösen und socialen Fragen der Zeit abgab. Auf die bittere Frage: 'Als Adam reutte und Eva spann, wer was da ein Edelmann?' antwortete freilich Melanchthons Schüler Agricola mit dem Märlein von den ungleichen Kindern Evä, das die Ungleichheit der Stände schon aus der Urzeit herleitet; aber den grimmigen Spottliedern auf die niedergeworfenen Bauernunruhen folgten die beredten Anklagen eines Frischlin, Stricker, Ringwald wider die Bauernschinderei der Edelleute. Und wenn auch das 16. Jahrhundert keine Dorfgeschichte wie den Meier Helmbrecht hervorgebracht hat, so finden wir doch in der bildenden Kunst[1]) und in der Litteratur hie und da reizvolle Scenen aus dem Bauernleben ohne satirischen grobianischen Zug dargestellt, so in Wickrams Romanen oder in Pondos Griseldisdrama. Und wie im 13. Jahrhundert neben der hohen die niedere Minne verherrlicht ward, so sang man im 16. vom schwarzen russigen Dirnlein (Zs. f. d. Phil. 15,108 = Böhme Nr. 198), vom stifflbraunen Meidlein, vom Pawermägtlein (Wackernagel, KL 2, Nr. 1143).

---

1) B. Riehl, Geschichte des Sittenbildes (bis 1569) 1884. Über die Spinnstuben vgl. Wendeler, Archiv f. Litgesch. 7,832 ff.

Trotzdem wurde die Scheidewand zwischen Bürger- und Bauernstand durch die Ausbreitung der hochdeutschen Schriftsprache und die zunehmende Bildung höher. Man charakterisierte auf der Bühne in den komischen Zwischenspielen, den Nachfolgern der alten Fastnachtspossen, den Bauern nun auch durch seine Mundart; es entstand in Niederdeutschland und in Schwaben eine Dialektpoesie, die von den Gebildeten lediglich zu komischen Wirkungen gepflegt wurde.[1]

In der ersten Hälfte des 17. Jahrhunderts empfing das litterarische Interesse am Bauernstande von zwei Seiten her neue Nahrung. Die Schäferdichtung, welche sich von Italien her über Spanien, Frankreich, England und zuletzt über Deutschland verbreitet hatte, enthielt in ihrer Idealisirung des Hirtenlebens einen demokratischen Zug, einen Gegensatz zwischen dem falschen Formenwesen des Hofes und der Einfachheit des Landlebens.[2] 'Ich bin nur ein Bauerknecht', singt Coridon bei Opitz (1624), 'doch noch eins so fromm und recht, als die in den Städten wohnen'. Aber nur wenige Nachfolger wie Voigtländer, Peucker, Finkelthaus gehen in realistischer Weise diesem Fingerzeige nach. Den meisten dünkt der Abstand zwischen dem vergilischen Ideal und der gemeinen Wirklichkeit zu gross, und sie verfallen auf den seltsamen Ausweg, die Landbevölkerung in zwei Gruppen, edle Schäfer und grobe Bauernrüpel, zu teilen. Für die letzteren haben sie nur stolze Zurückweisung oder Hohn: Theobald Höck (1601 Nr. 49: Sol den ein grober Bawr von Art) und Christian Brehme (1637 Bl. Kiiijb: Sih da, was

---

[1] Auch in den Begrüssungen, welche Weckherlin 1617 (S. 327 ed. Goedeke, Alemannia 11, 49) und Schoch (Poet. Lustgarten 1660 Nr. 23) bei Hoffesten Bauern in den Mund legen. Für Hochzeitscarmina ward die Bauernmundart ebenfalls beliebt.

[2] Vgl. die treffenden Ausführungen bei M. v. Waldberg, Die deutsche Renaissancelyrik 1888 S. 92—98. Auch der von Melchior Frank komponierte Actus oratorius von 1630, über den A. Reissmann, Allgem. Gesch. der Musik 2, 172 berichtet, wäre hier zu beachten.

bringt dort Corydon) erneuern das ältere Necklied: 'O Bauernknecht, lass die Röslein stahn' (Böhme Nr. 222).

Anders reden die Männer, welche das bittere Elend des dreissigjährigen Kriegs, die von rohen Söldnern an der wehrlosen Landbevölkerung verübten Greuel miterlebt haben; Grimmelshausen und Rist zeigen uns im Roman und Drama die Bauern ungeschminkt wie die gleichzeitigen niederländischen Maler in ihrer Plumpheit und Verwilderung, aber auch bemitleidenswert in ihrer Bedrückung durch die Soldaten. Von ernsten Vaterlandsfreunden gehen zahlreiche wohlgemeinte, wenn auch nicht poetisch hochstehende Betrachtungen über den Nutzen des Bauernstandes, der Grundlage jedes geordneten Staatswesens, und Klagen des Landmanns in Liedform aus. Wie im 16. Jahrhundert ist besonders der protestantische Dorfpfarrer der litterarische Anwalt der Bedrückten. Wie früher der Ditmarsche Neocorus, sammeln Daniel Friderici in Holstein (Alemannia 14,192), Valvassor in Krain, Cadovius Müller in Ostfriesland, Matthias Prätorius und Theodor Lepner in Preussen, Friedrich Frisius in Altenburg Sitten und Bräuche der Landbevölkerung. 1682 entwirft der Pseudonymus Gottlieb Rundraus, Pfarrher zu Wahrendorf, oder Veroander von Warburg, wie er sich zwei Jahre später nennt, eine ausführliche, wenn auch nicht schmeichelhafte List- und Lebensbeschreibung des betrüglichen Bauernstandes. Die Ceremonien einer Bauernhochzeit werden zu Dresden, Brünn, Wien, Weimar vor einem vornehmen Hofpublikum in Lustspielen und 1708 in einer Hamburger Oper dargestellt. Bei den Bauernmaskeraden und Wirtschaften übernahmen die Herren und Damen vom Hofe selbst die Rolle der Schauspieler.

Die von Rousseau gepredigte Rückkehr zur Natur und die humanen Bestrebungen des 18. Jahrhunderts kamen auch dem Bauernstande zu Gute. Mit Vorliebe malte Lessings Jugendfreund Weisse in seinen seit 1766 in Leipzig aufgeführten Operetten das idyllische Glück des Landlebens, die durch einen gewaltthätigen Edelmann gefährdete Unschuld eines liebenden Bauernpaares aus, und die leichtfliessenden Arien von Lottchen und Görge, Lieschen und Hans, Röschen und Töffel errangen in Verbindung mit Hillers zierlichen Melodien eine ungeahnte Volkstümlichkeit. In dem Wunsche, auch in den untersten Klassen Bildung und Aufklärung zu verbreiten, veröffentlichte Gleim 1772 'Lieder für das Volk' und suchte das Selbstgefühl des Bauern gegenüber dem Städter zu wecken nnd ihm Lebensfreude und Heiterkeit mitzuteilen. Einen stärkeren Ton schlug der gleichzeitig gestiftete Göttinger Hainbund an. Beschränkten sich Hölty, Miller und auch Claudius mehr auf die heiteren und rührenden Seiten des bescheidenen häuslichen Glückes und der ländlichen Thätigkeit, so fand Bürger (Der Bauer an seinen durchlauchtigen Tyrannen. Die wilde Jagd) Worte zorniger Entrüstung wider die Bedrücker der Bauern, wie sie in der Litteratur bisher nicht erklungen waren, und Voss, selbst eines Bauern Sohn, predigte in breiten realistischen Schilderungen der Heumahd, Ernte, Obstlese, des Dreschens, Flachsbrechens, Spinnens und bäurischer Lustbarkeiten den Landleuten Zufriedenheit, Behaglichkeit und Spott auf das zimperliche Stadtvolk. Hatte Lessing 1772 an Gleim von der Notwendigkeit geschrieben, dass der Dichter sich zum Volk herablasse, so machte Voss 1775 dem Markgrafen Karl Friedrich von Baden den Vorschlag, statt eines Hofpoeten einen Landdichter anzustellen, 'den Herz und Pflicht antriebe, die Sitten des Volks zu bessern, die Freude eines unschuldigen Gesangs auszubreiten, jede Einrichtung des Staats durch seine Lieder zu unterstützen und besonders dem verachteten Landmann feinere Begriffe und ein regeres Gefühl seiner Würde beizubringen'. Voss, der auch die niederdeutsche Mundart zuerst wieder ernsthaft zur Nachahmung theokritischer Idyllen benutzte, fand in dem Berliner Kapellmeister J. A. P. Schulz einen glücklichen Komponisten seiner Lieder, der z. B. 1782 berichten konnte, dass seine Melodie 'Sagt mir an, was schmunzelt ihr?' in einigen Gegenden Niederdeutschlands fast allgemein auf Bauernhochzeiten gesungen werde. In gleicher Gesinnung wirkte in Süddeutschland Schubart, der vielen Nachahmer nicht zu gedenken, welche sich in Sammlungen wie den obenerwähnten Bauernliedern von 1776 oder dem Liederbuch für Bürger und Landleute (Stuttgart 1792), den Funfzig auserlesenen Liedern bei Sonnenschein und Regen (Lemgo 1793), den Volksliedern für mancherley Stände (Mühlhausen 1796), dem Ausbund schöner weltlicher Lieder für Bauers- und Handwerksleute (Reutlingen o. J.) und R. Z. Beckers Mildheimischem Liederbuch (1799 u. ö.) breit machten. Hier entstand wirklich, wie Hettner sich ausdrückt, aus der herablassenden Absichtlichkeit, welche für alle Stände, auch für Hebammen, Schulmeister und Totengräber, ein Speziallied bei der Hand hatte, viel platte Nichtigkeit, viel gemachte und darum kindische Volkstümelei.

Erst die Männer der romantischen Schule, die Herausgeber des Wunderhorns und die Brüder Grimm, brachen mit solcher rationalistischen Zweckmässigkeitsdichtung, welche den poetischen Sinn des Volks vernichtet, und lauschten achtsam bei den Dorfgreisen und alten Mütterchen auf die halbverklungenen Erinnerungen einer grossen Vorzeit in Sang und Sage. Von solcher Vertiefung in das Denken und Fühlen des Landvolks seitens der Gebildeten ist endlich auch die Gattung der Dorfgeschichte ausgegangen.

1. Vom Nutz der Bawren.

1. Ein Sach nehm ich zu Muth,
   Dass man verachten thut
   Die guten Bawersleute,
   Die da schaffen zu allen Zeiten
   Spat vnnd früh, mit seinen Pflug,
   Was wir in Städten verzehren,
   Bringt er vns alles gnug.

2. Er thut sein Acker bawen
   Vnnd thut auff Gott vertrawen,
   Wirft seinen Samen darinne,
   Er pflanzet Korn vnnd Weine,
   Er wart der Zeit, im Felde weit,
   Vertrawt auff Gottes Gnade,
   Was jhm der liebe Gott giebt.

3. Er bawet auch darbey,
   Was wir bedürffen frey,
   Erbsen, Linsen vnnd Bohnen
   Bringt er zu Marck gar schone,
   Rüben vnnd Kraut, wie es vertrawt,
   Es thut den Hunger büssen,
   Füllt gar manchem die Haut.

4. Alles Vieh, Rinder vnnd Schwein
   Bringt er zu Marckt herein,
   Gänss, Hüner vnnd dergleichen
   Kauffen gern die Reichen,
   Eyer, Butter vnd Käss, das gibt ein gut Gefräss,
   Was wir in Städten bedürffen,
   Bringt er vns alles gnug.

5. Auch Holtz vnd Kohlen frey
   Vnd was man kocht dabey,
   Die Stuben einzuhitzen,

Dass man fein thut schwitzen,
Häw vnnd Stroh,   macht manchen froh,
Es kompt alles zu nützen,
Noch bringt er auch darzu

6. Epffel, Birn, Honig vnd Wachs,
Auch Wollen, Hanff vnd Flachs,
Dass sich die Leut thun kleiden,
Ist besser denn Sammet vnd Seyden,
Der gemeine Mann   muss alles han,
Ein jeder nach seinem gefallen,
Was er bezahlen kan.

7. Noch geschicht jhm offt gross Leyd
An Korn vnnd auch Getreid,
Die Vögel mit Nahmen
Die fressen jhm den Samen,
Die Meuss gerad   thun jhm gross Schad,
Die wilden Thier desgleichen,
Das klagt er früh vnd spat.

8. Dennoch kompt noch viel Gesind,
Suchen den Bawren geschwind,
Es kommen jhm frembde Gäste,
Haben nicht viel zum besten,
Böss vnd gut,   wie sie gemuth,
Er muss jnen allen geben,
Wenn ers schon nicht gern thut.

9. Die Soldaten kommen herauss,
Sagen zum Vatter: Glück ins Hauss,
Hier kompt ein verdorbener Sohne,
Was wolt jhr bey jm thune?
Gebt Fleisch vnnd Würst,   gar vbel vns dürst,
Wir haben jetzt keinen Herren,
Wir wollen gern schmieren die Brust.

10. Die Bettelleut kommen auch,
Sie fodern nach jhrem Gebrauch:
Ach Vater, bedenckt vns Armen,

Vnd lass dich doch erbarmen!
Sie lauffen nur den Bauren zu,
Er muss sie helffen speisen,
Wil er haben gute Ruh.

11. Kompt denn ein Krieg ins Land,
So kompt jhm die Noth erst zu Hand,
Was er gewonnen vnnd bekommen,
Das wird jhm alles genommen,
Schaaff, Rinder vnnd Pferd, was jhn Gott beschehrt,
Das wird jhn weggetrieben,
Wird manchmahl hart beschwert.

12. Ein verständiger Mann ansicht,
Veracht die Bauren nicht,
König, Fürsten vnnd Herren
Muss er mit Gott ernehren,
Schlösser vnnd Städt die weren nicht,
Hetten nicht zu verzehren,
Wann der Bawer nicht thet.

13. Dann lass vns allezeit
Trachten nach der Ewigkeit,
Wenn die Bawren thun verderben,
So ist nit viel zu erwerben,
Die Händel schlecht werden geschwecht,
Die Stedt müssens entgelten,
Haben kein Nahrung nicht.

14. Gott geb vns seinen Fried
In allen Landen vnnd Stedt,
Dass Bürger vnd Bawren sich ernehren
In aller Zucht vnd Ehren,
Nach dieser Zeit die Seligkeit,
Das helff vns Gott zusammen,
In alle Ewigkeit.

Zwey ausserlesene | Weltliche Lieder, | Das Erste. | Von der Mägde Hoffart, etc. | Hört mir ein wenig zu, was ich euch | sagen thu, etc. | Das Ander. | Vom Nutz der Bawren, etc. | Ein Sach nehm ich zu Muth, dass | man verachten thut, etc. | Gedruckt im Jahr, 1647. | 4 Bl. 8°. — Berlin Ye 1671.

2. Der Bawrsleuthen Lobgesang.

1. Nun merckend auff, jhr lieben Freund,
All wie jhr hie versamblet sind,
Der [den] Himmel hat besessen,
Der gesegne euch das Trinckhen vnd Essen.

2. Wöllet jhr nit für vbel han,
Ein Lied will ich euch fangen an
Den Bawrsleuten zu Lob vnd Ehren
Von allen Bawren nach vnd feren.

3. Hie steht ein hüpsches Lied von Bawrn;
Drumb losen zu, losst euch nichts dauren,
Die Bawren sind nützer der gantzen Welt
Weder als Silber, Gold vnd Gelt.

4. Fromb Bawren sind edel, Weib vnd Mann;
Ja wer das recht ausslegen kan,
Dem hab ich fleissig nach bedacht
Vnd hab das Lied jhn zu Ehrn gemacht.

5. Drauff merckend jhr allsamen,
Ich fange an in Gottes Namen
Vnd will euch von dem Bawrsmann sagen,
Von dem habn wir auch vil guter Tagen.

6. Man sagt von jhm Bawr; das ist nit fein,
Ein ander Nam vnd der ist sein:
Bawman das ist sein rechter Nam,
Das sollet jhr wissen allesam.

7. Warumb er Bawman heissen thut?
Dass er vns bawet alles gut,
Er bawet vns allen vnser Speiss,
Darumb gib ich jhm hie den Preiss.

8. Ich lob den Bawman vber d Massen
Vnd kans nit vnderwegen lassen,

Der Bawrsman hat vns vil guts than,
Drumb sollen wir jhm dancken schon.

9. Ich lob den Bawrsmann vberlauth,
Der vns den Weins vnd s Korn erbawt,
Zibelen, Kraut, Rüben vnd Bonen;
Er glaub vnd traw, Gott wöll jhm lohnen.

10. Was man für Speiss braucht in dem Land,
Das mehrt vns der Bawrsmann allsampt,
Wiewol es steht in Gottes Hand:
Der Bawrsman Land und Leuth erhält.

11. Wann vns der Bawr nicht brächt vmbs Gelt,
So stünd es vbel in der Welt;
Der Bawrsman kombt vns allen wol,
Er füllt vns Keller vnd Kisten voll.

12. Der Bawrsman thut vns wol begaben,
Darumb muss ich jhn billich loben,
Der Bawman ist wol Ehren werth,
Es stünd nicht wol auff dieser Erd,

13. Wo nicht der fromme Bawrsman wär.
Drumb sag ich billich Lob vnd Ehr.
Noch mehr stand ich dem Bawrsmann bey:
Ich mein, dass niemands edler sey

14. Dann vnser lieber Herr JEsus Christ,
Die Ehr allein dess HErren ist;
Darnach lob ich den Bawrsmann,
Gott wöll, dass er in Himmel komm.

15. Ist etwar hie, ders nit gern hört,
Der ist nit witzig vnd wolgelehrt,
Man solt sich gegen dem Bawrsman neigen,
Als ich im Evangelio will zeigen.

16. Gott sich dem Bawman vergleichen thut,
Wie dann Christus selbst gesprochen hat:
Ich bin ein guter Hürt, seht an,
Mein Vatter ist ein Ackermann.

17. Der Bawrsman trägt wol der Ehr ein Cron,
Sein Pflegel hat ein süssen Thon,
Er gibt vns mehr der Frewden viel
Weder all Pfeiffen vnd Saitenspil.

18. Sein Pflegel thut vns all ernähren,
Man sagt von König, Fürsten vnd Herren,
Wie dass sie allzeit köstlich leben,
Ist gut, weils der Bawr her kan geben.

19. Schaff, Schwein, Kälber vnd Rinder feiss
Bringt jhn der Bawr, sonst hand sie keins;
Capaunen, Hüner, Gänss vnd Schmaltz,
Wein, Korn, Haber vnd auch Saltz

20. Führt jhn der Bawrsman täglich zu;
Vil Leuth leben gar wol in Ruh
Vnd essen vnd trincken offt im Sauss;
War nicht der Bawr, es wär bald auss.

21. Man spricht: Die Bawren sind vngelehrt Leut.
Dieselbe Red die giltet nit,
Dann welcher den Bawman vngelehrt schilt,
Derselb sich gegen jhm entgilt.

22. Dann Christus hat auch zwölff Jünger ghan,
Die waren auch vngelehrte Mann
Vnnd sind doch jetzt im Paradeiss.
Wer die Bawren veracht, der ist nit weiss.

23. Wann vnserm lieben Herr Jesu Christ
Ein Engel in dem himmel brist
Vnd er wil bald ein ander han,
Nimbt er eben als bald ein Bawrsmann

24. Dann ein hochtragnen in der Statt,
Der mit dem Geitz vnd Wucher vmbgaht;
Dann Christus hat geliebet die Bawrsleuth,
Wie er im Evangelio bezeugt.

25. Wie Christus der HErr ward geboren,
Auff dass wir nit wurden verlohren,

Da verkündt ers vil ehe den Hirten
Weder den Herren Gschrifftglehrten.

26. Darumb sollen die Burger vnd Herren
Den ehrlich Bawrsman auch han in Ehrren.
Gott geb allen viel Glück auff Erden,
Vnd dass wir mit jhn all selig werden

27. Vnd leben mit solchen Frewden fortan,
Dass sie kein Mensch aussssprechen kan:
Das wünscht euch der Dichter alln samen;
Wer das begert, sprech mit mir Amen.

Der Bawrsleuthen | Lobgesang, | In welchem vermeldt wird, ' was man für Nutz vnd Frucht | von jhnen habe. | In dess Buchsbaums Melodey zusingen. | Sampt einem Gespräch, eines vertrunkenen | Manns, vnd einer alten Frawen. | ☐ ¦ Gedruckt zu Augsgurg [!], bey | Johann Schultes. | 4 Bl. 8° o. J. [um 1650]. Berlin Yd 1854, 31. || — Melodie bei Böhme Nr. 273 und 654.

3. Lob des Bauernstandes.

1. Komm nur, hör, mein Bauersmann,
Hör mich nur ein wenig an,
Was ich dir sing,   seltzame Ding:
Deine Ohren thu auffschliessen,
Lass dich keine Zeit verdriessen;
Denn es bringt dir Lob und Ehr,
Deiner Tugend noch vielmehr.

2. Ich weiss nicht, was dass bedeut,
Dass man so den Bauer neid
Umb seine Sach,   so er gemacht,
Hat mit Hitz und Schweiss gewonnen
In der Kälte, Hitz und Sonnen,
Und darbey noch hat kein Ruh,
Jeder heitzt und setzt ihm zu.

3. Man hört nur das Sprichwort an
Von den gemeinen Soldatenmann,
Wie er jhm droht   schier mit den Todt:
Wie will ich den Bauer zwagen,
Komm ich über seinen Kragen;
Was er hat, das muss er mir
Draussen geben in Quartier.

4. Kommt ein Feind auch in das Land,
Eylends wird zum Bauer gesandt;
Mit einem Wort   er muss gleich fort,
Muss mit Kummer über die Massen
Weib und Kinder sitzen lassen;
Es muss ja der Bauersmann
Auch im Krieg und Streit daran.

5. Wer baut Korn und Waizen an?
Wer ist, der sich wagt daran
Mit Angst und Schweiss   auff solche Weiss?
Linsen, Bohnen, Haber, Gersten
Baut der Bauer ja zum ersten,
Auch den edlen Weinstock süss
Thut er pflantzen zum Geniess.

6. Eylens komt ein Fuhrdienst aus,
Heist es: Bauer, aussen Hauss!
Umb Mitternacht   man dirs so macht.
So die Fuhrdienst lang thut wehren,
Fragt man nicht: Was wirst du zehren?
Vor die schwere Arbeit dann
Hast du wenig Danck darvon.

7. Von wem lebt der Bürgersmann,
Arm und reich, ja jedermann?
Durch Bauers Hand   wird viel gesandt,
Getreyd, Käss, Butter und dergleichen
Muss der Bauer täglich reichen;

3, 3 ihm dort A — 3, 4 nagen A — 6, 1 und 4 hat B
Robath für Fuhrdienst — 6, 7 hast du ewig Danck darvor A
— hast zu Zeit Schläg zum Lohn B —

Gleichwohl muss er sein veracht,
Einen Hund schier gleich geacht.

8. Geht man in das Beyerland,
Andere Orten mehr bekannt
Und schau man an   den Bauersmann,
Wie er speist sein zarten Leibe
Brodt, dass nicht beysammen thut bleiben;
Haber, Kleyen, als zusamm
Beckt man für den Bauersmann.

9. Gehe hin und frage frey,
Was doch diese Ursach sey,
So wird er halt   antworten bald:
'Ich muss mich das gantz Jahr plagen
Umb die Steuern, Zinss und Gaben
Und muss essen schwartzes Brodt,
Dennoch danck ich meinen Gott.

10. Sommerszeit den ganzen Tag
Schneid ich in der Hitz mit Klag
Das liebe Getreyd,   vor Mattigkeit
Muss in heisser Sonne stehen,
Möcht offt schier vor Hitz vergehen.
Andere leben in der Ruh,
Ich muss ihnen tragen zu.

11. Wann die Kälte herzu geht
Und mir schier das Haus verweht,
Vor Schnee und Eyss   bald nicht mehr weiss,
Wann die Kälte sehr thut klingen,
Muss ich meinen Dreschel schwingen.
Geldner kommen auch in Hauss,
Wollen mich schier jagen aus'.

12. Bauersmann, ich hör dir zu;
Wann wirst du doch haben Ruh?
Auff dieser Welt   ists schon gefält;

In Str. 10 und 11 verwandelt B die erste Person überall in die zweite — 11, 6 Gaben kommen A —

Aber glaub mir, lieber Bauer,
Dass dein Angst-Schweiss gar zu sauer
Dir wird bringen grosse Freud
In der ewigen Seligkeit.

13. Wer die Arbeit früh und spath
Mit Gott wohl verrichtet hat,
Der wird hernach   an jenem Tag
Vor den grossen Richter stehen,
Da die Freude wird angehen:
Da wirst du ewig fröhlich seyn
Mit den lieben Engelein.

A = 'Ein schönes Lied | Von Bauersmann'. 2 Bl. 8° o. O. und J. (17.—18. Jahrh.). In einem Berliner Sammelbande Yd 7856, 13. Angehängt ist: 'Ein schönes | Sauer-Kraut Lied. | Unser Görge der lange isst gerne Sauerkraut'. — Zur Besserung einzelner Stellen habe ich eine spätere Recension (B) von 10 Strophen (1—6, 10—13) benutzt: Drey schöne neue | Weltliche Lieder, | Das Erste. ' Kann ich's länger nicht verschweigen, etc. | Das Zweyte. | Komm her mein lieber Bauersmann, etc. | Das Dritte. | Was kann dann noch schöners etc. | ☐ || (Nro. 9.) | 4 Bl. 8° o. O. und J. (18. Jahrh.) Berlin Yd 7906, 9.

4. Vermahnung an den Bauern.

1. So freue dich, lieber Bauersmann;
Nach kalten Winter kommt der Sommer heran.
Lass schon dein Eggen   und keule den Pflug,
Dein Brod im Wald und Feld nun such!

2. Ach freue dich, lieber Bauersmann,
Du bist vom allerehrlichsten Stamm,
Dein Gross-Vatter Adam   verheissen hat Gott,
Zu erlösen die Menschen vom ewigen Tod.

13, 1—4 lautet in B polemischer: Der die Arbeit g'forchten hat, der dich vor verachtet hat, der wird mit Schand zur linken Hand vor dem strengen Richter stehen — 13, 3 an jenen Tage A — 13 5 da die Sentenz B.

3. Lobe Gott und freue dich, Bauersmann,
Putze die Pferde und spanne bald an,
Fahr mit Freuden naus in dein Feld,
Gewinn durch Gottes Seegen viel Geld!

4. O so führe dein Pflug in Acker hinein,
In Gottes Namen säe dein Körnlein drein,
Drauf seegnet dich Gott und gibt dir Brod
Und wendet von dir Leiden und Noth.

5. Mit Freuden fahre nun wieder nach Hauss,
Befiehl Gott, was du gesäet hast aus;
Der wird es bewahren vor allen Gefährden,
Dir endlich eine reiche Erndte bescheren.

6. O freue dich, Bauer, wirf deinen Pflug ein
Und hör, wie singen die Vögelein so rein,
Wässere deine Wiesen, die Bäume lass grünen,
Ehre den Schöpfer mit Loben und Rühmen!

7. Nun bethe, mein Bauersmann, sey sparsam zugleich,
Arbeite, fürcht Gott, der machet dich reich.
Sey nicht hoffärtig und lebe demüthig,
Liebe die Nachbaren, sey mild und auch gütig!

8. Früh Morgens, wenn aufgehet die Sonne,
Bringt sie den Bauren viel Freude und Wonne,
Die Perlen im Gras, wie schön sieht das,
Da springet das Hirschlein, dort hupffet der Haas.

9. Redlich und recht gewinnt ja bei Gott
Ein ehrlicher Bauer sein Stücklein Brod:
Was auf der Welt lebt, der Bauer ernährt.
Drum ehre die Bauren und halte sie werth!

10. In Ländern und Städten, was herrscht und regiert,
Alles vom Stamm der Bauren herrührt.
Sage mir, Mensch, wo du her wärst,
Wäre nicht der Bauer gewesen zuerst!

11. Ein jeder Bauer, der Kinderlein hat,
Der sorge für sie früh und spath,

Der Bauer desgleichen ernährt die Reichen;
Alles vom Bawren sie müssen herreichen.

12. Rühmen sich gleich die Bürger in der Stadt,
Dass Handeln und Wandeln sie bringen in Rath,
Doch Leder und Oel, Korn, Weitzen und Mehl
Kommt alles vom Bauren, und was man nur will.

13. In Hitze und Kälte, bey Tag und bey Nacht,
In Regen und Schnee durch viel Ungemach,
Ohne Vortheil und Tücke durch Segen und Glücke
Der Bauer das Seine ganz ehrlich zuschickt.

14. Die Cymbeln und Harpffen klingen zwar recht schön,
Noch lieblicher ist der Bauern Gethön,
Wenn die Tresch-Flegel klingen, die Körner heraus springen,
Korn, Waizen, Hirs, Gersten, alles wohl gelingen.

15. Hernach schüttet man das liebe Getreyde
Wohl auf den Boden mit Lust und Freude,
Führts in die Stadt, verkauft es mit Recht,
Davon der Bauer seine Nahrung hätt.

16. Corallen, Kleinodien, Gold, Edelgestein,
Und was von den besten Metallen mag seyn,
Thut nicht so behagen, wie man thut sagen,
Als wann der Bauern ihre Felder wohl tragen.

17. Ochsen und Kühe, Schaafe und Lämmer,
Ziegen und Schweine, Gänse und Hüner,
Hund, Katzen und Bienen, was zu ersinnen,
Alles den Bauern zum Metzen muss dienen.

18. Most, Wein, Bier, Birn, Aepfel und Nüsse,
Käss, Butter, Milch und Honig so süsse,
Speck, Eyer und Schmalz, Fisch, Vögel und Holz
Giebt Gott den Bauern, und ist nicht stolz.

19. O Gott, du hast gegeben auf grüner Heyd
Das Wild dem Bauer zur Ergötzlichkeit;
Er muss es ernähren, man thut ihm verwehren.
Obs recht ist, mag kein Eyd drauf schwören.

20. Ey, wird es dir sauer, mein Bauersmann,
Gott hats verordnet, er will es so han.
Gott thut dir verkauffen   seinen Segen mit Hauffen
Durch Beten, Arbeiten, durch Rennen und Lauffen.

21. Den Sabbath zu feyern auch nicht vergiss,
Ehre die Priester, so wirst du gewiss
Erhalten viel Seegen   und haben auch Glück,
Kein Anschlag wird darbey dir gehen zurück.

22. Indessen so bleibe auch fein zu Hauss,
Geh nicht böse Wege und leb nicht in Sauss,
Liebe dein Weib   gleich als deinen Leib,
Dein Zeit und Weil mit ihr friedlich vertreib!

23. Auch hüte dich vor der Trunkenheit,
Diss gröste Laster auf Erden meid,
Hüte dich vor Schaden   mit Cameraden
Und thu nicht Unheil auf dich laden!

24. Nun so muss ich auch bald schreiten zum End,
Befiehl die Baurn in Gottes Händ,
Der woll ihnen geben   Gesundheit und Leben,
Den lieben Land-Frieden auch darneben.

Vier schöne ganz neue | Jäger- | und | Bauren-Lieder, | Das Erste. | Was kan einen mehr ergötzen, als etc. | Das Zweyte. | Kein grössere Freud auf Erden ist, als etc. | Das Dritte. | So freue dich lieber Bauersmann, etc. | Das Vierte. | Kommt allzumahl ihr Christen herbey. etc. |☐|| Gedruckt mit Buchstaben. | 4 Bl. 8° o. O. und J. [18. Jahrh.] — Berlin Yd 7909, 48.

5. Der Bauersmann ist lobenswert.

1. Es lebe der werthe Bauersmann,
Den Gott erkohren hat.
Stimm jetzt mit mir die Lieder an
Zum Ruhm dem Bauernstand!
Der Bauer ist ein guter Mann,

Viel tausend er ernähren kann
Mit Gott und Ackerbau.

2. Der Bauersmann ist lobenswerth,
Wer dieses recht betracht,
Da er viel tausend Menschen nährt
Und wird so sehr veracht.
Der Müller, Becker, Burgersmann
Ernähren sich vom Baurenstand,
Diess ist der Welt bekannt.

3. Des Frühlings angenehme Zeit
Den Bauersmann erfreut,
Wenn er im Felde weit und breit
Mit Gott den Saamen ausstreut,
Ja vielen grossen reichen Herrn
Stünden Küsten und Kästen leer,
Wenn nicht der Bauer wär.

4. Gott segne Land und Baurenstand
Mit seiner Gnadenhand,
Von dem liebsten werthen Vaterland
Wende ab Krieg, Mord und Brand.
Gott theile den Bauern den Segen mit,
Bewahr ihn vor Kreuz und Unglück,
So kommt er nicht zurück.

Fünf schöne | Neue Lieder, | Das Erste. | Ach wer thut hier vor mir stehen, ein etc. | Das Zweyte. | Ich klopf allhier an dieser Port, O etc. | Das Dritte. | Den Ackersmann soll man loben und preisen. | Das Vierte. | Es lebe der werthe Bauersmann, den Gott | Das Fünfte. | Alles ist vergänglich, währt eine kurze Zeit. | 4 Bl. 8° o. O. und J. [um 1800]. — Berlin Yd 7919, 87.

6. Der zufriedene Bauer.

1. I bin a Baur vnd bins recht geren,
Dauschet wol mit kaim gschlechten Herren;

Wollan i wil das bayrische Löben,
Weil i auf Erden bi, nimmer aufgöben.

2. Komm i zu iezigen Zeiten in d Statt,
Hat gar vil Gassn, vergeh i mi kradt.
Bey ins im Dorff da geh i nitt irr,
Seindt etwan ä Haiser ä fünff oder fier.

3. Afftn wan das i ä weni ausgie,
Thuet mir das stuenige Pflastä ganz wieh.
Bey ins im Dorff da geh i feü lind,
Das i kain ainzign Schmierzn empfind.

4. Drin in der Statt göhn iber vnd yber
Allerley Herrn vnd Frauen vorüber,
Da soll ainä stöts den Heuet achahöbä,
Vnd kaina war, der ihm an noien tath göbe.

5. Lieber will mit meines gleichn ä brachtn,
Als das i mit den Stattleuttn mues spachtn.
Ko ainä nit zierlä gnueg Redn vorbringä,
Z Haus darff i nit sorgn, das mir thut mislingä.

6. Bin i da huemma, so darff i mi riern,
In den Stattheissern erzirnet ain Diern,
Da gibts Stubenböde, sän krajdä waiss;
Ist das mas thut bsudln, der Teuffl ain bschaiss.

7. Heusser vnd Gassn schön hin oder hier,
Es bringts aus meim Hirn wol kainer nit mehr,
I frag nichts nah der Statt ihrigen Bracht,
Mei Väda hat aus min an Baurn schlöd gmacht.

8. Bin i da huemma, so bin i nit faul,
Sag fei mei Sachl, wies mir ist vmbs Maul.
Bin i beym Pflögä, so schaut er mi ah,
Das ihn halt no nit recht ierze koh.

9. Drin in der Statt sogar der Stattbittl
Will von aim habn sein birenden. Tittl.

5,1 brächten, reden — 5,2 spächten, sprechen —
8,4 ihrzen, mit Ihr anreden — 9,2 birenden, gebührenden.

Bey ins im Dorff da ist es ai Modl:
Jäckhl haisst diser, der ander schlötss Jodl.

10. So darff in den Stättn kuen Furtz aine thue,
Soll in verhaltn, i thues nit Nu ä Nu ä.
Ist mir aina noth im Dorff, lasn fahrn,
Da thuet mo anandä desstwegn nit gfharn.

11. Die Appodögge, die miest i gley maidn,
Dössl Gstanckh kunt i do gar nit völaidn,
Schmöckh liebä an Ross oder Khie Pfifferling
Als Balsm vnd Bism, frag nichts nach dem Ding.

12. Nägst gieng i voribä, do däts mi astinckhä,
Das i ai d'Onmacht darnider miest sünckhä,
Wan das ma mir nit gley an Khietröckh agstrichä,
I mainadt äff mein Aid, wer des Todts verblichä.

13. Dössl Ding hat mar ia gschlagn in Glider,
Das mir leichtlich kunt etwas sey zwider.
Mit aim Wort, mächt wohnen in Stättn nit drin,
Vil liebä in meiner Huemat i bin.

14. Ebn drumb will i das beurische Löbn,
So lang i Hansl hais, nimmä aufgöbn.
Bin i ä Baur vnd ist mir scho recht,
Bin i do Hiar wol yber mein Knecht.

Aus dem Berliner Mscr. germ. oct. 230, einem um 1685 geschriebenen Liederbuche, S. 207 mit Melodie.

10, 4 gefären, anführen, in Gefahr bringen — 11, 1 Der Bauer, der in der Apotheke ohnmächtig wird, ist Gegenstand eines bekannten Schwankes; vgl. Goedeke in Benfeys Orient und Occident 2, 260 (1864). Legrand, Fabliaux 3, 219. Wright, Latin Stories 1842 Nr. 99. Bernh. Hertzog, Schiltwacht (um 1600) Bl. Gvb.
— 11, 8 Pfifferling, Excrement.

7. Was braucht man im Dorfe?

1. Losts auf, es Baurn im Dorff!
Mo bieth enckh alle scharff.
So komm an ieda vnder d Schmittn,
So bald ma hat Fayrabendt glittn:
Dis soll das Rathshaus sey.
Stelts enckh fey fleissi ey!

2. Ma hat scho Feyrabendt gleith,
Jezt wars zum Rathn Zeit.
Vnd wan die Frag wird umma kömmä,
So thiets halt d Sach fey recht vonemmä
Vnd rödts vnd rödts halt gschaid
Wie die gstudierte Leüth!

3. Was braucht ma in vnserm Dorff?
An Haan, der d Uhr ausschreit,
Der auffweckht faule Leüth,
An Hundt, der an der Kettn ligt,
Der Zöhn blöckht, bild vnd baisst, d Leut heit.
Dis braucht ma in vnserm Dorff.

4. Was braucht ma in vnserem Dorff?
À Wirthshaus, das vns gfällt,
Da spihln wir vmbs Gält
Mit Wirffl, Kögl, Kartngspihl:
Wer da verspihlt, der gwint nit vil.
Dis braucht ma in vnserm Dorff.

5. Was braucht ma in vnserm Dorff?
Ä Haus mit Stroh bedeckht,
Ä Hausbrod, das vns gschmeckht,
Ä liechtä Kuchl, an graumbten Herd,
An Wälschn, der den Rauchfang kerdt:
Dis braucht ma in vnserm Dorff.

1,8 Schmitten, Schmiede.

6. Was braucht ma in vnserm Dorff?
Ä Miln, die nit staubt,
An Miller, der nit raubt,
An Bottn, der nie hat gelogn,
An Kauffmann, der nie hat betrogn:
Dis braucht ma in vnserm Dorff.

7. Was braucht ma in vnserm Dorff?
An Schneidä mit der Gaiss,
Der vmb kai Steln wais,
An Nodern, die ä Jungfrau ist.
Ä Hebam, die vmb d Sach woll wist:
Dis braucht ma in vnserm Dorff.

8. Was braucht ma in vnserm Dorff?
An Pfaffä, der was ko,
Der ist ä glertha Mo,
Der selbst thuet haltn, was er thuet biettn,
Vnd vns thuet vor gross Schadn hiettn.
Das braucht ma in vnserm Dorff.

9. Was braucht ma in vnserm Dorff?
An Mesner, der gschwindt lauff,
Wan es gibt ein Kündtstauff.
An Gfadä vnd ä Gfäderlein,
Die gern trünckhn an guten Wein.
Dis braucht ma in vnserm Dorff.

10. Was braucht ma in vnserm Dorff?
Ä Wiegn fürs klai Kündt,
Ä Weib, das darzue singt,
Vnd für die Fürsorg noch ä Wiegn;
Es mecht die Thiern ä ais kriegn.
Das braucht ma in vnserm Dorff.

11. Was braucht ma in vnserm Dorff?
An Jägä mit der Bix,
Der weggschiest Wölff vnd Fix,
Der vns mit Frid liess vnser Taubn;
Das Gwilt thun wir ihm gern erlaubn.
Das braucht ma in vnserm Dorff.

12. Was braucht ma in vnserm Dorff?
   An Pflegä, der nit schindt,
   An Schörgn, der braf bindt,
   An Taubnkobl, ä Hienernöst,
   Hät bald vergössn das Allerböst.
   Das braucht ma in vnserm Dorff.

13. Der gmaine Rath ist auss,
    Jetzt geh mär all nach Hauss.
    Dort obn bey der hochn Lindn
    Da würst das Gsindl beysammn fündn.
    Ju haih, Spillma, mach auf!
    I bring dir ais: geh, sauff.

Aus dem Berliner Mscr. germ. oct. 230, einem um 1685 geschriebenen Liederbuche, S. 213 mit Melodie. — Diese Parodie einer ernsthaften Gemeinderatssitzung ist die älteste Gestalt eines später verbreiteten Liedes, bei welchem jedoch die Einleitungsstrophen und der Schluss weggefallen sind: 'Was braucht man auf dem Bauerndorf?' 10 Str. bei Mündel, Elsässische Volkslieder 1884 Nr. 190. Achtstrophig in neueren Einzeldrucken, Berlin Yd 7905, 54, 2 und Yd 7918, 15, 3. Eine patriotische Umdichtung: 'Was brucht ma i der Schwiz?' 6 Str. in der Volksliedersammlung von Büsching und v. d. Hagen 1807 Nr. 98 = Erlach, Volkslieder 4, 349 = Erk, Volkslieder 2, 1 Nr. 38 (1841). — Die alte Melodie erinnert an 'Schlaf, Kindchen, schlaf' bei Erk, Volkslieder 1, 3 Nr. 33 und 1, 5 Nr. 15, 63.

8. Die Schwäbische Bawren-Klag.

A.

1. Ach ich bin wol ein armer Baur,
   Mein Leben wird mir mächtig saur,
   Ich meyn, ich könn offt nimmermehr:
   Ach dass ich nie gebohren wär!

2. Mein, horcht mir nur ein wenig zu:
   Mit Wyden bind ich meine Schuh,

12, 4 Taubenkobel, Taubenschlag.

Kein Frucht hab ich schier in der Schewr
Vnd muss doch geben meine Stewr.

3. Vor Weyhnachten iss ich auff,
Das Vieh ist auch im wolfeilen Kauff,
Hergegen sind die Handwercksleuth
Gar thewr, helff Gott dem, der mir beut.

4. Die Contributz das greulich Thier
Macht, dass ich muss entlauffen schier;
Der Waibel gheyt mich alle Tag:
Ich halt, es sey kein grösser Plag.

5. Mein Amptmann helgt mich überauss,
Er legt mich offt ins Narrenhauss.
Wer gibt mich nun bey jhm so nahn?
Ich sorg, der Waibel habs gethan.

6. Der Schultheiss ist mir auch nit hold;
Ich weiss wol, wo ichs hab verschuldt,
Ich sagt nur: Er frisst ab der Gmeind.
Jetzt ist er mir von Hertzen feind.

7. Der Pfarrherr weisst vns zur Gedult
Vnd sagt, es sey der Sünden Schuld.
Er siht, dass er sein Zehenden hab,
Dass Wetter schlag auff oder ab.

8. Ich muss auch immer Frondienst thun
Vnd hab doch nicht ein Schnell davon.
Ich wolt, dass der am Kragen hieng,
Der erstlich die Beschwärd anfieng.

9. Ich hab ein Knecht; man hat mir gsagt,
Der Lecker schlupff mir zu der Magd.
Auff dreissig Gulden kompt sein Lohn,
Vnd hab doch Sorg, er lauff davon.

3,4 beuten, leihen — 5,1 helligen, zu Grunde richten —
8,2 Schnell, ein Schnippchen, ein Bischen —

10. Im Sommer schaff ich, wanns so heiss,
    Dass ob mir steht der kalte Schweiss.
    O dann, o Pein, muss ich zu Nacht
    Den wilden Säw erst halten Wacht.

11. Ich hielt nächst Maur- vnd Zimmerleut,
    All Tag gieng drauff ein Viertel Treyt,
    Darzu ein halber Eymer Bier:
    Wann ich dran denck, so gschwindt mir schier.

12. Drumb ist mein Seckel aller lär.
    Aun wenn ich nur nichts schuldig wär!
    Verwalter, Pfleger vnd der Jud
    Die nemmen mir offt schier den Hut.

13. Ich hab drey Ross, ist keins nichts werth;
    Das eine hinckt mir heur vnd ferd,
    Das ander hat kein Zahn im Maul,
    Das dritt ist blind, darzu mistfaul.

14. Hab auch drey Küh, doch nur vmbs halb,
    Dem Metzger ghört auch schon das Kalb;
    Darzu hab ich kein Stroh noch Hew,
    Das Laub im Wald ist meine Strew.

15. Ich hab kein Holtz vor meinem Hauss,
    Versetzt ist das im Wald darauss,
    Es raucht mein Off, vnd regnet eyn:
    Es könnt ja je nicht schlimmer seyn.

16. Mein Wagen auch keine Leytern hat,
    Am Pfluge mangelt auch ein Rad,
    Die Egge hat auch nur acht Zähn
    Vnd darff zu keinem Wagner gehn.

17. Der Schmid, Seiler vnd solche Leut,
    Der Sattler auch, mir keiner beut,

13, 1—4 vgl. unten 8 B, Str. 12, ferner ein Volkslied 'Wir haben drei Katzen' (Berlin Yd 7919, 5. Trierer Hs. 1947, S. 114) und das französische von Jean de Nivelle (Rolland, Recueil de chansons populaires 4,55. 1887).

Es sey dann, dass ich sie vor zahl,
Ja wann ichs hätt, ich hab kein Wahl.

18. Als ich ein Knecht, trug ich zum Tratz
Ein hirsches Kleyd mit einem Latz;
Jetzt da ich hauss vnd bin ein Mann,
Hab ich nur zwilche Hosen an.

19. Der Schuster wär auch gerne zahlt,
Ich gib jhm weders new noch alt;
Drumb muss ich jetzt schier parfuss gehn,
Man siht mir ja die blosse Zehen.

20. Mein Hut ist löchericht überauss,
Als wann die Mäuss drinn hielten Hauss;
Der Hüter borgt mir auch nicht gern:
Was hab ich dann für Glück vnd Stern?

21. Führ ich schon Obs nein auffn Marck,
So pressen mich die Leuth so starck,
Dass ichs muss halber schencken hin.
Wann ich dann schawe zum Gewinn,

22. Dann lauffen dSchuldner her zu mir;
Der ein reisst da, der ander hier,
Diss treiben sie ein lange Weil,
Biss ich mein Gelt mit jhnen theil.

23. Bleibt mir nun etwas übrig dran,
So kauff ich drumb, so viel ich kan,
Saltz, Kertzen, Karrensalb vnd Schmär;
Dann ist der Seckel wieder lär.

24. Vnd weiss kein Heller zum Gewinn,
Es sey dann, dass ich Schneller spinn.
Doch ist noch eines, das mich plagt:
Ich muss den Winter auff die Jagt.

24,2 Schneller, Garnbinde von 400 Fäden — 25,1 Auswahl, vgl. v. Maurer, Geschichte der Fronhöfe 3, 477 (1863).

25. Ich bin auch in der Ausswahl mit,
Ich trag ein Pick im vierdten Glied,
Man trillt mich offt, ich muss hinaus,
Es geh nun, wie es wöll, im Hauss.

26. Im Wirtshauss wär mir trefflich wol,
Wann ich wird Bier vnd Taback voll;
Doch borgt der Wirth mir nimmermehr,
Ich geb dann einen Acker her.

27. Jetzt über alles hab ich noch
Daheim ein überschwäres Joch;
Was meint jhr wol, dass dieses sei?
Es ist mein Weib voll Schelmerey.

28. Sie hält allzeit das Widerspiel,
Sie thut mit Lust, was ich nit will.
Sie trägt mirs Muss in dStuben nein
Vnd brocket böse Wort darein.

29. Ich wolt, sie wär im Himmelreich,
So geb sie mir, ich jhr kein Streich;
Den Hader macht das lose Gelt,
Sonst stünds viel besser in der Welt.

30. Das ist nu kürtzlich meine Klag,
Wiewol ich kaum die Helffte sag;
Es glaubts kein Mann, als ders erfährt,
Wie jetzt der Baursmann ist beschwärt.

31. Wer ist, der vns diss Liedlin sang?
Ein schwäbischer Bauer ist er genannt,
Er hats gesungen vnd wol bedacht,
Er wünscht allen Bauren ein gute Nacht.

Zwey schöne newe weltliche Lieder, Das Erste: | Die Schwäbische | Bawren-Klag, | Wie sich der Baur beklagt wegen der | grossen Contribution vnd Beschwärnussen. | Im Thon: | Man sings oder sags, so ist es doch wahr, etc. | Oder: | Wie man den Bäyerischen Bauren singt. | Das Ander: | Eines Goldschmids zu Straubingen | mit seiner Frawen vnd Haussgesind Vbelhausen, |

eines einigen Pfenning allmosens halber. | Im Thon: Ach Gott
mein Annele wo wöllen wir nauss. | ☐ | Gedruckt in diesem
Jahr. | 4 Bl. 8" o. O. und J. (17. Jahrh.). — Berlin Ye 1761.
— Das hier angeführte Lied vom Bayerischen Bauern ist ein
1632 entstandenes Gespräch zwischen einem Soldaten und einem
Bauern: 'Gott grüss dich, lieber Bayrischer Bauer' 24 Str.
(Berlin Ye 1501 und 1749).

B.

1. Das Baurenwerck ist nix mehr werth,
   Der Handel hat sich bald verkehrt,
   Ist nix dabey als Müh vnd Gschwär,
   Wolt, das der Teuffel ein Baur wär.

2. Träidt vnnd Viech gilt ä nix mehr,
   Schmoltz vnd anders ä nix her;
   Bring ix int Statt ä äff den Marck,
   So brest vnnd köfft man mit mir so hart.

3. Vnd lassn än knöckhä vor der Thür,
   Geben äm schir lieber nix darfür;
   Kömbt aber Michely für das Hauss,
   So haists: Baur, gib Gelt vnd Stoir auss!

4. Die Scharbä kombt schir alle Tag,
   Vnd wann i schon nit fahren mag,
   So haists holt dennö: Baur, span an!
   Thu iss nit, ha y die Verherr zlan.

5. Die Tagwerger vnd die Handwersleut
   Nehmen jetz bey der golden Zeit
   Ä solchen mächten graussen La,
   Das ix bald nimmä däschwinden kan.

3,1 knöckhä, knicken, sich verbeugen — 4,1 Schar-
werk, Vorspanndienst — 4,4 Verherr zlan, Verhör zu
leiden [?] —

6. Ä Zimmerman, das thut mir Zarn,
   Gwint schir all Tag ain Metzen Khairn;
   Will y eim nit göben, was er will,
   So lät mir all mein Arbeit still.

7. Sie sein Herrn, mir sein Knecht,
   Das ist vns Baurn gar nit recht.
   Soltnerwerck kombt heur vnd ferth
   Schir eyben anderhalben werth.

8. Käff ich nä scheldt ä lödters Gröss,
   Ä Joppen vnd ä bloders Gsäss,
   So geht glei dräff vnd ist scha hin
   Ä gantz Schaff kein, so klai y bin.

9. Die Gelder setzen ain ä nit auss,
   Läffen üm Tag vnd Nacht vmbs Hauss,
   Thun än stäts antasten vnd schenden,
   Wöllen äm nur Ross vnd Khüe ausspfenden.

10. Der Knecht vnd Diern wollen jhren Lahn,
    Zahl iss nit auss, so läffens davon,
    Auff allen Seiten geht mir halt a,
    Wo ich hin schau, so ist nix da.

11. Y waiss ä nit ain Kreitzer zuschätzen,
    Liess mi ja sonst kain Gelter drätzen.
    Y ha drey Khüe, ist khaine mein,
    Khören all drey int Stott hinein.

12. Y ha drey Ross, ist kaiss nix werth,
    Hinckt ais drünter heur vnd ferth,
    Das ander hat kein Zant im Maul,
    Das dritt ist blind vnd sonst stockfaul.

13. Bin darzu die zwey noch schuldig,
    Das macht ain frayliger vngedultig;

7,3 **ferth**, vor einem Jahr — 8,1 **scheldt**, l. schledt = nur — **lödters**, ledernes — 8,2 **bloders, Gesäss**, Pluderhose (?) — 9,1 **Gelter**, Gläubiger — 11,2 **drätzen**, reizen.

Och ha sibn Hennen, machn vil Gschray,
Vnnd löt dabey kaine kain Ay.

14. Inn Stall ist weder Stra noch Hew,
Der Holtzmist ist mein gröste Streu;
Es raucht im Hauss vnd regnt mir ein,
Es kündt ä ja nit schlimer sein.

15. Das Wirthshauss stund mir halt ä wol an,
Ja wann ich hätt einen guten Gspan;
Vnd ist der Gürg Doffl ä narger Bue,
Setzt mir auff allen Seiten zu.

16. Ist vo[n]stadt vnd im Schuss auff mir,
Wann er än nur derdapt beyn Pier:
Hau nächt mit meinen Nachbauren gehögelt,
Schledt ein wenig vnter Nassn geschnöglt.

17. Hat mi der Pflöger vnverhofft
Von stadt vmb zway Pfund Pfenning strofft.
Y wanss nit, macht ain das Pier so doll,
Oder hauss y öppen sonst nit wol.

18. Bin in die Musterung ä darzue,
Vnd han der Gschäfft vnnd Handl gnue,
Das no ä kau Wunder wär,
Y gieng davon, liest Hörber lär.

19. Y hau darzu ein böss Weib daheimb,
Das ist ä gar ein übles Bain,
Vnd ist schon eine auss den Alten,
Hat ein Gsicht ä wol hundert Falten.

20. Ä kholschwartz Haar gleich wie mein Schimel,
Wär grosse Zeit mit jhr gen Himmel,
Zanckt vnd greint ä gantze Wochen
Vnnd kan kain gute Suppen kochn.

14,2 Holzmist, Laub — 16,1 Von Stadt = im Schuss, sofort, vgl. 17,2. 24,1 — 16,3 heggeln, necken — 16,4 schnögeln = bair. schnackeln, ein Schnippchen schlagen — 18,1 Musterung, vgl. v. Maurer 3, 485.

21. Heut zangts mir diss, morgen dass,
Hausts für vnd für: Du Schelm, du Frass;
Rauffen offt ä halben Tag
Die Stuben wol vier mal äff vnd ab.

22. Plitzt vnd donnert vmb im Hauss
Vnd jaugt än offt wol gar darauss:
Sie setzt mir halt so lang nit auss,
Biss y jhr den Schedl wol derzauss.

23. Lieff offt von Hertzen gern davon,
Greifft ain die Höppin selbst wider an;
Y wolt, iss läg tief in Grab,
So käm y meiner Marter ab.

24. Y wolt im Schuss ein andere nemmen,
Möcht y ä wider vnter Gelt kemmen,
Über diss hau y ä no Plag,
Vnd ist ä schir mein gröste Klag.

25. Hirschen machen ain gar dertrelt,
Ligen ain Tag vnd Nacht im Felt,
Frössen vmb in Traidt vnd Kraut,
Äss wanss für sie allein wärt haut.

26. Es gehn zwey grosse Hörner weit vnd ferr
Znagst an meiner Höcken her;
Das ain wär ein dickher faister Knopff,
Hat wol vierzehen Zackhen auff dem Kopff.

27. Ist oben braun vnd vnden gelb,
Mein offt, es sey der Teuffel selb,
Springen änher zwerg der Strassen,
Thain mir schaden übert Massen.

28. Y muss mich Tag vnd Nacht müeten,
Vnd kan halt denne nix dä hüeten,

23,2 Höppin, Kröte — 25,1 dertrelt, zerplagt — 25,4
l. baut? — 26,1 Hörner, Geweihe; hier = Hirsche.

Ha in der Paunt ein Gabes baut,
Vnnd ha zwe Tag nit nachi gschaut.

29. Ist mirs Vnziffer drüber gsessen,
Hambt mirn mehr als halbet abgfrössen,
A grosse Saw läfft ä damit,
Die göt ä gantze Nacht kain Fridt.

30. Wirfft grosse Löcher auss in Grund,
Das y mi selb darin verbergen kund,
Hangen jhr an acht junge Fäckhl,
Sein die maisten lauter Präckhl.

31. Striellen vnd wüellen im Anger vmb;
Wann y glei schrey, sie gömbt nix drumb;
Der Stutzl setzt jhr wackher auffs Gnückh
Sein dritter früe vnd spätt.

32. Der Wäckerl läfft ä wie ein Poltz,
Der Prändl jauckt offt biss inss Holtz,
Sie jagens offt dapffer auff vnd ab,
Zu Morgens seins schon wider da.

33. Heben jhren Schnabl auff int Hö,
Fressen darnach wie von Ne;
Ja wann y ä Püxen bekäm,
Wolt mi ä mal stölln vntern Bäm.

34. Wolt jhrs ains int Wamben göben,
Das nit über zwo Stund solt leben;
Y hauss bein Jägern offt verlaut
Vnnd ha jhn alle Wahrheit gsait.

35. Sie sollen mit Stechen vnd mit Spiessen
Die Frösser dapffer nider schiessen,

28, 3 Paunt, Bahn, Feldflur. Gabes, Kohl — 30, 4
Präckhl, Bracken, junge Tiere männl. Geschlechts — 31, 1
striellen, mit dem Rüssel wühlen — 31, 2 gomen, achten,
hüten — 31, 3 Stutzl, Wäckerl, Prändl, Hundenamen —
31, 4 sein dritter, selbdritt — 34, 3 verlaut, kund gethan.

Sie lassens aber fein mit Ruh
Vnd spotten meiner no darzu.

36. Wir müssen halt Hirschen vnd Saw erniern,
Sie thunt Haut vnnd Fleisch verziern;
Wolt no ä mal solcher Gschär,
Das der Teuffl ä ein Baur wär.

37. Wöst y nur was vnd hets in Hiern,
Solt ainer no lieber studiern,
Kündt y no schledt ein wenig lesen vnnd schreibn,
Y wolt nit lang ein Baur bleibn.

38. Y wolt bey Gricht ein Rödner wern,
Y wist mir ä scha gute Herrn,
Die gebn mir zfressen vnd sauffen gnue
Vnd göbn mir wacker Gelt darzue:
Y wil halt schaun, wie y im thue.

 Ein Aussbündig | Lustig, Kurtzweilig vnnd | Nagelnewes Lied. | Die Baurnklag | genannt. | Im Thon: | Wie man den Bayrischen Bauren singt. | ☐ | Gedruckt zu Augspurg, bei | Johann Schultes. | 4 Bl. 8⁰ ohne O. u. J. (um 1650). — Berlin Yd 7854, 33. Über die Melodie vgl. Nr. 8 A.

9. Soldat und Bauer.

Soldat.

1. Wann ich wieder ziehe in den Krieg,
Nehme ich frisch Gelt auff die Hand,
Zum Musterplatz ich mich verfüg,
Reise durch Städte vnd Landt,
Sprech etwa einen Bawren an:
Glück zu, Vater, sprech ich alssdan,
Freundlich

36,1 Kirschen hat der Druck —

Vmb ein Zehrung bitt ich dich,
Weil Frost vnd Hunger plaget mich
Schändtlich.
      Bawer:
2. Ich sprech wol: Danck hab, guter Freund,
Bist aber willkommen nicht,
Dieweil dein Hertz viel anders meynt,
Als dein Mund zu mir spricht;
Geb ich dir gleich ein Stück Brot
Oder ein Zehrung, das weis Gott
Gar wol,
So denck ich doch bey mir geschwindt:
Das der Teuffel das lose Gesind
Weg hol.
      Soldat.
3. Wilt du Bawr mit Güte nicht,
So lauff ich dir ins Hauss
Vnd hole heraus, was mir gebricht,
Schlage dir die Fenster aus;
Rinder, Ochsen, Schafe, Pferde vnd Küh,
Die nehme ich vnd verkauffe sie
Für mich,
Vnd lebe also täglich im Sauss,
Sehe mit fettem Maul zum Fenster auss
Lustig.
      Bawr.
4. Du lest dir aber gnügen nicht
Mit schlechter Bawren Speiss,
Wilt allzeit haben viel Gericht
Auff grosser Herren Weiss,
Du säuffst auch lieber Wein als Bier,
Confect sol ich auch holen dir
Behendt,
Das macht mir denn mein Beutel leer,
Das ich nicht mehr kan geben her
Am Endt.
      Soldat.
5. So steig ich auff dein Scheun vnd Hauss
Vnd nehme dir all dein Korn,

Vnd du musts selber treschen aus,
Wenn es dir gleich bringt Zorn;
Wenn du dein Gelt vergraben hast,
Den Kopff knöbel ich dir also fest
Schmertzlich,
Da bringestu vnverhoffendlich mehr,
Darüber ich mich erfrew so sehr
Hertzlich.

Bawr.

6. Krieg ich dich aber einmahl allein,
So schlag ich dich zu Todt,
Mein Nachbarn mir behülfflich seyn,
Du kriegst die schwere Noth
Vnd kömpst zu letzt auff Galgen vnd Radt,
Alssdan dein Leben ein Ende hat
Schmertzlich,
Hast vns Bawren vexirt genug,
Zu letzt kömpst du in Nobis-Krug
Endtlich.

Soldat.

7. Frag nichts darnach; wenn ich bin satt,
Alssdan ich mich vmbschawe,
Ob der Bawer glatte Töchter hat
Oder eine schöne Frawe,
Die sprech ich vmb ein Nachtlager an:
Wil sie nicht, so muss sie dran
Endtlich,
Das thut dir Bawr im Hertzen weh,
Wenn man dir bricht deine Ehe
Schändtlich.

Bawr.

8. Ein Narr wer der, der sein Weib
Alssdan bey sich behielt im Hauss;
Im grünen Walt, Wildniss vnd Felt
Muss sie alssbaldt hienaus;
Mein Haab vnd Gut nehm ich mit mir,
Die kahlen Hütten lass ich dir
Ledig,

Du findest nichts, wie sehr du suchst,
Das verdreust dich alssdan, du fluchst
Schmählich.
       Soldat.
9. So find ich dich, Schelm Bawr, entlich,
Alssdan ists schlimmer vor dich,
Ich prügel dich noch eins so sehr;
Wenn einer betrübet mich,
Der ander solches entgelten muss
Vnd contribuiren mit Verdruss
Trawrig,
Ich lerne dir ab deine Schelmenstück,
Auff deinen Schaden vnd Vnglück
Laur ich.
       Bawr.
10. Wann ich nicht lenger halten kan,
Lauff ich endtlich davon
Vnd schreye vber dich Galgenhahn.
Kan vnd erfülle ich dich schon,
So kömpt ein ander doch nach dir,
Der wils gleichsamb haben von mir
Wie du,
Da gehet denn auff mein Gewerb,
Letztlich ich selber Hungers sterb
Dazu.
       Soldat.
11. Stirbstu gleich, sind doch Schelmen gnug,
Entläuffest du, ich dir schwer,
Ich prügel dich mit grossem Vnfug
Wie ein tantzenden Beer,
Wann ich dich aber nicht finden kan,
So stecke ich dir dein Häusslein an
Mit Fewr,
Das Dorff dazu vnd andere mehr,
Alssdann wird dir dein Lager schwer
Vnd thewr.
       Bawr.
12. Du Vnglücks-Vogel verstehest nicht
Alle der Bawren Rencke,

Wir sind eben so wol abgericht;
Das glaub nur vnd gedencke,
Das du niemahls sicher bist,
Ich dencke so wol viel arger List
Zur Stundt,
Wie ich deiner loss werd ohn Gefahr
Vnd dich hinricht gantz vnd gar
Zu Grund.

Soldat.

13. Wann ich von Drewen sterben solt,
So were ich schon lengest todt,
Wan ich mich daran kehren wolt,
Mein Bauch müste leyden Noth.
Drumb Schelm Bawr, gib dich darein,
Bawren müssen geplaget seyn
Täglich,
Du Bawr hast doch sonst keinen Zwangk,
Ich achte nicht, das du weinest lang
Kläglich.

Bawr.

14. Wann aber alles ist verzehrt,
Vnd niemandt nichts erwirbt,
Wer ist alssdan, der dich ernehrt,
Weil das gantze Landt verdirbt
Vnd du Soldat hast auch nichts mehr?
Alssdan mein Rath der beste wer
Vor dich,
Das du dich liest gnügen mit etwas
Vnd ich behielte auch im Fass
Vor mich.

Soldat.

15. Wann alles ist auff vnd verzehrt,
Ziehe ich in ein frisch Landt,
Vnd du Bawer must betteln gahn
Mit einem Stab in der Handt;
Nehme ichs nicht, nimpts ein ander doch,

Mit der Zeit bekömpsts wieder noch
Gewisslich;
Ich lasse dir Land vnd Sand,
Darumb ernehre dich mit der Handt
Schliesslich!

Zwey Weltliche | Soldaten Lieder, | Das Erste, | Gott grüssen dich lieber Bäyerscher Bawr. | ☐ | Das Ander, | Von einem Soldaten vnd Bawren. | 4 Bl. 8° o. O. und J. (17. Jahrh.) — Berlin Ye 1749.

10. Der Stutzer auf dem Dorfe.

1. Wes sol ich beginnen?
die fröd wil mir zerrinnen,
kain puolin kan ich gewinnen,
der sumer wil uon hynen,
die zeit hat sich gereckt,
der winter ist auffgeweckt.

2. Des säment sich die schonen tocken
vnd pringen den werck an iren rocken;
wenn sy zuo ein ander hocken,
so hebt sich ein frolich locken
mit wolgemuotem schrein:
Chum, Haintzl, Chuntzl, herein!

3. Der gettling in den gesmirbten hösen,
der kümet mit schonen frawen kösen,
aussen an dem fenster losen,
ober sein lieb hört innen tosen,
des freyt sich sein muot,
durch seinen willen süss tüt.

2,1 sämen, sammeln — tocken, Mädchen — 3,1 gettling, Bauerbursche (wie bei Neidhart) — gesmirbt, schmierig — 3,2 die küment Hs.

4. Er kaufft ir ein puosen süsses pröt
vnd der zymen rind ein lot,
er gabs der lieben für den sött,
wolgesmach wörd ir mundlin rot:
'Se hin, hab dir den leck,
wie sänft tüt dir der schleck!'

5. Dar zuo hat er ein newe taschen,
die frawen kummen dar vmb naschen,
sam sey es ein honigflaschen;
sein pfaid die ist im weiss gewaschen,
er get dahin gen pad,
der lieben seyden fad.

6. Sein kappen die hat zotten gnuog,
dar awff setzt er ein prayten huot,
das messer im vmb die payne schluog,
vnd wär dye kirch nit hoch genuog,
so stiess er oben an
der selbe edel man.

7. Dar zuo hat er plabs kappen
mit den fier vnd sibitzig lappen,
die im an der seytten gnappen:
er vnd sy vnd ander chnappen
mit der pösen ee
tuot schonen frawen wie.

8. Er trät von Swaben ein hoches goller
pey den oren gröss geswollen,
sein wüst truckt in, sein pawch ist voller,
dar vmb gäb er ein phraitten haller,
das in die lieb hiet gesechen,
so mächt sys von im jächen.

4,1 puosen, Schmeller erinnert an Busslein = Kuss, süsses Backwerk; man erwartet hier jedoch eine Quantitätsbestimmung. — 4,3 Sott, Sodbrennen — 4,5 Leck = Schleck, Leckerbissen. — 5,4 pfaid, Hemd — 6,2 dar waff Hs. — 7,3 gnappen, hinken — 8,2 der oren Hs. — 8,3 wist, Lenden, Rippen — 8,4 pfrait, bereit.

9. Sein mantel het ein rechte leng,
da mit macht er ein waidelich gesweng,
die schuoch die sind im vil zuo eng,
das macht die grossen knarren pfreng.
die muossen leyden pein
von dem gätling fein.

10. Vmb den alter treyt er leis,
alss sam er gee auff einem hällen eiss,
des tunckt er sich gar cluog [vnd weis],
vnd er hat vor in allen den preiss
mit newen sytten thun,
far schön trit mut ein huon.

11. Mit verdraen vnd mit verwenden
gesach ich nie als ein pehenden
den kuss zuo schönen frawen senden
zwischen seinen weissen henden:
das ist ein kluoger list,
wie lieb ihm Gredel ist.

12. Mit der mätzen macht ers jäch;
wenn er tantzt, von im gett der rauch
vnd uon der selben tocken auch.
we ist der torpel alsso wäch
in seinem hochen huot!
er hat ein vppigen muott!

13. Mit tantzen kan in nyemant erlegen,
des haben sich sein gesellen verwegen,
hofflich ist er mit schirm schlegen,
dar für kan er sich wol gesegnen,
dar zuo kan er sich wol prauchen
vntter der die lewt hin dauchen. .

9,4 pfreng, eng. Für grossen vermutet Schmeller gassen
— 10,1 l. tritt? — 11,2 gesach nie nie als ich ain phehetn
Hs. — 12,4 wäch, prächtig — 13,1 erlegen, übertreffen
— 13,2 sich verwegen, aufgeben, verzichten.

14. Er ist so gar ein öder lay,
er tuot durch iren willen ain schray
vnd ein sprünglin oder zwai:
heya heya für fay!
wie wol es vmb hin gat,
die metzen er pey im hat.

15. Sein maul kan er hencken wol,
im hertzen hat er ein grossen grol,
nyemantz anders sprenzen sol,
er sey des adels alsso wol
ein graff von Lorion,
wie wol ers mit Gredlin kan.

16. Ein hornlin muoss er auch schier haben,
das man in kenn auss andern knaben;
er hengt es waidenlich an seinen kragen
man solt in mit ainem prügel schlagen
vnd sein hoffeweiss,
das wär ain fein rechte speyss.

17. Pristle zwicken, lieplich plicken,
nit erschricken, gruosslin schicken,
stiffel flicken, progken schlicken
gröss vnd dick näpf aussschlicken
kan er, vil kluoger ding
der findt man nit am ring.

18. Mich käm ein schonew gar vbel an:
'Sy, Essellocher, es stät nit schon,
das du dich selbs singst dar an!'
Ach, liebe zarte, ich habs geton.
vergän mir nur der weil,
das ichs nyt vbereyl!

15,2 grollen Hs. — 15,3 sprenzen, einherstolzieren wie bei Neidhart S. 220,12 — 15,5 Lorion, etwa Lurian? Luderjan? — Str. 18—20 Das Gespräch zwischen dem Dichter und der auch sonst von ihm besungenen Jungfrau Ell erinnert an Neidhart S. 48,17 ed. Haupt —

19. Ich pin ain narr vnd pin ein lapp
vnd ein esell vnd ein trapp
vnd dar zuo ein rechtr flack.
wo ich in dem land vmb sapp,
so hat man mein genuog,
es [sy] oder nit mein fuog.

20. Sy, schone Ell, pind auff den zopff
vnd hab gar frölich auff den kopf,
prang alss der per in seinen scho[p]ff,
so geit im Fridel selber ein ropf,
das du ínn mächt werden,
wie hiet er dich so geren.

Münchener Cod. germ. 379 [geschrieben 1454] Bl. 157 b bis 159 b. — Wie aus Str. 18 hervorgeht, ist das Lied von dem oberbaierischen Ritter Heselloher, der im Dorfe Pähl bei Weilheim lebte, gedichtet. Ob die unter diesem Namen umlaufenden Stücke von Andreas H., den Ulrich Füetrer um 1490 als mitlebenden Dichter rühmt, oder von seinem Bruder Hans, über den Wiguleus Hundt berichtet, oder von beiden herrühren, ist nicht sicher. Vgl. Zenker in Hormayrs Taschenb. f. vaterld. Gesch. 1831, 238. Uhland, Schriften 4, 222. R. Spiller, Zs. f. d. Altert. 27, 267. 283 f. 293 f. — An die Schlussstrophe klingt ein in derselben Hs. Bl. 159 b stehendes Lied Hesellohers an:

1. Tantzen het ich mich vermessen,
da man den Hesseloher sprang,
vnd ob ich sein hiet vergessen,
meins hertzen gir mich darzuo zwang,
wann ich sein nyt gelassen macht.

2. An zwo kam ich in gruonem klaidt,
das waren hoffjunckfrawen,
sy habend mir den tantz versait,
ich hiet ins nit getrawen,
das ich in alsso versmacht.

3. Ir zopff het sy auffgepunden schon;
ich wand, es war die selbig Ell,

19,1 Wig. Hundt (M. v. Freyberg, Samml. hist. Schriften 3, 379. 1830) citiert den Liedanfang: 'Hansel Heseloher, wie lang wilt leppisch sein?' — 19,2 trapp, Tölpel — 19,3 flack, träger Mensch — 19,4 sappen, schwerfällig gehen — 20 5 im Hs.

da ich vor offt mit tantzet han
auf dem kirchtag ze Pel:
irs adels het ich vergessen.

4. Wie wol kunt sy den adel swanck
nach hoffenlichen sytten!
am rock wären ir die ermel lank,
dar vmb wärd ich gemiten,'
noch han ich ir ains gemessen.

5. Hoffhärt in dem hertzen vil
vnd üppig an den synne,
ir lob ich dar umb preisen wil
der hübschen tantzerinne,
 hinder sich ze messen.

6. Die schült die wär wol halbe mein,
wenn ich es recht wolt dichten;
das dauch[t] sy gar ain wunder sein,
wie ich zwür [?] auff wolt richten;
das legt sy auch zuom pesten.

11. Der hoffärtige Bauer.

1. Mir ist gesagt von einem gatten,
wie er an dem tantz künn watten:
wir künnen sein vber jar nit geraten,
sein tantzen vnd schaffen tuot.

2. Sein gesellen hat er vberfaigt,
wenn er wil, so sinds geschwaigt,
wenn er sich gen der liebsten naigt
gen seinem krentzlein dien muot.

3. Er ist so sawr derselbig pawr,
ist hanttig als die gallen,
her ölsen zolss her schollen trit [?],
kan tantzen nach dem newen sytten,
man lobt in für sy alle.

4,4 geniten Hs. — 1,1 gatt, Gesell; vgl. gätling —
2,1 überfaigen, einschüchtern — 3,2 häntig, bitter —

4. Ein rechter siess vnd auch sein spiess,
wer mütig ist, der sol im wol geuallen.

5. Nun hüt ewch alle geleich,
das yr ym aus dem wege weicht,
das er ewr keinen in das leder streicht
mit seiner praitten klingen!

6. Der selbig pawr der hat ein schwert,
es ist eins gantzen pfunds wol werdt,
do mit straich er einem in das leder vert
ein wunden als [ein] ellen.

7. Der selbig pawr der hat die art,
am feyrtag schyrt er ab sein part
das er geuall der lieben tzart
vnd das er mit ir prolse [?].

8. Vnd der selbig rewttling vnvertzeit
der tragt ein kücher, der ist prait,
dar vnder duncket er sich gemait,
das er sich selber nicht bekennt.

9. Auff sein armbrost schlecht er sein pfeil
vnd tregts geladen ein halbe meil,
vnd das in nyemant übereyl,
so läst ers von im schnelleg.

10. Der selbig pawr der get gem wein,
so rücht er als ein ewerschwein,
so kan in nyemantz vbergeben
mit jüchtzen vnd mit schreyen.

11. Vnd der selbig esel tzwing[t],
das man ein liedlen von ym singt,
das wol auf seiner geigen klingt,
das haben danck die raben.

7,1 reutling, Bauer? (reuten) — 11,1 ress, behend.

12. Der selbig pawr der ist so ress,
mit tantzen ist er alsso gemess,
Als het dar in gedroschen.

Im Münchener Cod. germ. 379 [geschr. 1454] Bl. 161a mit der Überschrift: 'Essellocher von dem pawren knecht zu Strawing'. Über den Dichter Heselloher vgl. die vorige Nr. Die Überlieferung zeigt mehrfache Verderbnisse. Straubing ist ein Dorf östlich von Erding in Oberbaiern, elf Meilen nordöstlich von Pähl.

12. Am Gartenzaun.

1. Ein schultheyss in einem dorffe sass,
het ainen sun, hiess Fritze:
sein har gell krauss, sein kopf rott was,
hett zotten mit langem schnitze,
darczu hett er ein kittel weyss,
der war ains teils verhawen,
am tantz do praucht er seinen fleyss,
er liess sich hofflich schawen.

2. Sein nachpaur Concz ain tochter hett,
hiess Metz nach irer mutter.
Fritz manchen gang nach Metzen thett,
wann sy den kueen gab futter,
wol durch den hoff zum kuestall ein;
er schwang sich in den gartten,
er schray wol: "Juch, juch", vberlautt:
"gott griess mir die reinen zartten!"

3. Die Metz die hett sich nit gesumpt,
den kueen wol gestrewett,
sy tratt zu im an den zaun:
'Sag mir, was dich erfrewett!'
"Wann du allain, mein schone Metz,
der mey vnd liechte sumer."
Da gab sy im ein frewntlich gschwetz,
es pracht in keinen kumer.

4. 'Nun sag mir, liebster Fritze gut,
wiltu mir freuntschafft gynnen,
warumb hastu vmb deinen hutt
ain weyssen schlayr gepunden?'
"Allain durch dich, mein liebe Metz:
du erfrewest mir mein hertze;
furwar es ist mir rechter ernst
vnd ist mir doch kein schertze.

5. Zwu hosen grien mit gelem strich
trag ich mit hanen fedren,
vorn dantzknechten ich mich erprich;
zwen stiuel glatt rott leder[n]
die han ich lassen machen mir.
Metz, ist es dein gefallen,
glob mir die ee!" — ‚Ich thu es schier:
du liebst mir vnder in allen'.

Aus dem Berliner Mscr. germ. quart 718, Bl. 74b—75a, einem um 1520 geschriebenen Liederbuche, welches einst zu Bibliotheca Schwarziana gehörte und dann in den Besitz von C. F. Hommel (1770) und Meusebach kam.

13. Das geliebte Bauernmädchen.

1. Geht, jhr Höffling, gehet immer
Zum papiernen Völckgen hin,
Die jhr nennet Frawenzimmer,
Vnd vermeynt in ewren Sinn,
Dass alleine sie auff Erden
Müssen nur geliebet werden.

2. Ich wil aber mich auch fügen
Hin zu meiner Bawer-Magd,
Die hat alles nach Genügen,
Was mir dient vnd wol behagt.
Glaubt, ich wolte sie nicht eben
Für die ewren eine geben.

5,3 sich erbrechen, sich hervorthun.

3. Ewrer Jungfern Liebe kostet
Euch sehr viel, die eher doch
Als der meinen jhre rostet;
Denn sie halten sie zu hoch,
Biss sie selbsten nicht mehr mögen:
Meine trägt mir jhr entgegen.

4. Ihr müsst erst die Mäuler falten,
Wollt jhr küssen jhren Mund:
Meine kan mirs Maul zuhalten
Hundert mahl in einer Stund;
Ewre euch den Kuss verrücken;
Meine pflegt nicht eins zu zücken.

5. Ihr müsst jedes Wort bedencken,
Dass jhr euch verschnappet nicht:
Meiner sag ich offt von Schwencken,
Aber sie lacht drüber dicht.
Ihr könts durch ein Wort verkerben,
Meiner kan ichs nicht verderben.

6. Ewre jhre Haare winden
Mit dem Gold vnd Perlen-Pracht:
Meine pflegt sie auffzubinden
Nach der Bawren-Mägde Tracht,
Die fein schlecht gehn in den Zöpffen,
Tragen Kräntz' auff jhren Köpffen.

7. Ewre schmincken Stirn vnd Wangen,
Meine wäscht sie auss dem Bach,
Hat nicht Schelln in Ohren hangen,
Tregt nicht Sachen hundertfach
Vmb den Halse gleich den Thieren,
Die man muss an Ketten führen.

8. Ewre speisen sich gar lecker,
Meiner schmeckt ein Garten-Kohl;
Ewre nehmen Brod vom Becker,
Meine bäckt vnd brawet wol.
Ewren jhr vorschneiden müsset,
Meine langt selbst zu vnd isset.

5,5 verkerben, versehen, verschulden.

9. Ewre gleich den Dornen-Hecken
Ihre Brüste hier vnd dar
Mit viel Spitzen so bestecken,
Schleyer drüber dün wie Haar.
Warumb pflegt es zu geschehen?
Man soll blind seyn vnd auch sehen.

10. Aber meine jhre träget
Vnterm schlechten Leinewand,
Das sie selbst zu spinnen pfleget.
Wollt jhr ewre mit der Hand
Nür anrühren, stracks sie sagen:
Gott behüt vns, vnd euch schlagen.

11. Meine sich so hoch nicht wehret,
Denn sie weiss, ich bin zu fromm.
Von den ewren jhr offt höret:
Wie ists mit euch? macht euch tumm!
Drückt jhr jhre weiche Hände,
Awe schreyen sie behende.

12. Hertzet jhr sie, stracks sie klagen,
Dass sie etwas Hartes nicht
Können vmb den Leib vertragen;
Aber meine nicht zerbricht,
Mit jhr ist wohl vmbzugehen,
Denn sie kan wol Schertz verstehen.

13. Ihr müsst legen Küssen, Pfühle
Ewren vnter jhr Gesäss,
Meine drückt die harten Stühle,
Klagt doch nicht ihr Kunst-Gefäss.
Ewre müsst jhr sacht vmbwenden,
Meine ist fein starck von Lenden.

14. Wolt jhr sie zum Tanz auffziehen,
Müsst jhr machen Reverentz
Mit den Händen, Kopff vnd Kniehen:

Wozu dienet das Geschwäntz?
Meine in die Hand mir patschet,
Dass es wie ein Waschholtz klatschet.

15. Ihr müsst lang vor jhnen stehen,
Eh sie ziehn die Händschuh ab:
Meine pflegt stracks mit zu gehen
In dem vollen Sprung vnd Drab.
Wir sind wohl zwey Gänglein gangen,
Eh jhr könnt zum Tantz gelangen.

16. Ewre tragen thewre Röcke
Als von Sammt vnd Seiden an,
Meine trägt, worvon sie Säcke
Zu der Noht auch machen kan,
Hat nicht, wie offt manche, drunter
Einen vnverhofften Plunder.

17. Ewre müssen schön gesticket
Haben allzeit jhre Schuh,
Meine selbsten jhre flicket,
Bindet sie mit Baste zu;
Ihre können Wasser halten,
Ewren laufft's durch Loch und Spalten.

18. Weiche Bett' vnd zarte Decken
Brauchen ewre zu der Ruh,
Mein auff Stroh sich pflegt zu strecken,
Deckt sich mit dem Kittel zu;
Sie klagt nicht (wie ewre sprechen),
Dass sie Flöh vnd Mücken stechen.

19. Ewre haben Hunde liegen,
Weiss nicht worzu, in dem Bett,
Meine liegt bey Schaaf vnd Ziegen,
Doch kan auch, wenns nötig thet,
Mein Schaaff-Rekel sie bewachen
Vnd jhr gute Kurtzweil machen.

19, 5 Rekel, grosser Hund.

20. Ewre sitzen stets im Zimmer,
Riechen offte nach Zibeth,
Mein ist in dem Stall fast immer,
Da sie durch die Fladen geht
Auss dem Keller in die Küchen,
Pflegt doch übel nicht zu riechen.

21. Ewre trotzen auff den Adel,
Ihnen macht der Reichthumb Muht,
Mein ist ehrlich ohne Tadel
Vnd von Tugend wohl so gut:
Wenn mans Hertze sehen sollte,
Wer weiss, wer noch tauschen wolte!

22. Ewre sind an grossen Höfen,
Meine in der Bawren-Kaat;
Ewre wärmen sich beyn Öfen,
Meine Hitz von Arbeit hat;
Meine macht nichts überdrüssig,
Ewre gehn am meisten müssig.

23. Kriegt jhr denn zur Eh noch eine,
Sie wil Sieman werden bald;
Denn so fromm ist leichtlich keine,
Kriegt sie etwas nur Gewalt,
So lässt sie die Kühnheit spühren,
Wil fast mehr als jhr regieren.

24. Mein ist nicht von steiffen Sinnen,
Stets gewohnt im Zwang zu seyn;
Sie lässt sich schon jetzt gewinnen,
Da die Macht noch nicht ist mein:
Wie mehr wird sie seyn gedultig,
Wenn sie mirs zu thun ist schuldig!

25. Wie hoch jhr nun ewre preiset
Vnd die meine schätzt gering,
So ist doch, wie sichs erweiset,
Ein Ding wie das andre Ding,

23,2 Sieman werden, das Hausregiment führen.

Anders nichts denn Fleisch und Knochen:
Warum wollt jhr denn so pochen?

26. Ihr mögt, was jhr wollet, sagen,
Ich halts mit der Bawer-Magd,
Sie kan mich, ich sie vertragen,
Wil auch (zum Beschluss gesagt)
Sie von Abend noch begrüssen
Vnd zehn mahl für eines küssen.

Gedichtet und komponiert von G. Voigtländer, Erster Theil Allerhand Oden und Lieder, Sohra 1642 Nr. 67 (mit Melodie).

14. Görge und Bäsche.
A. Schlesischer Bauer-Knecht.

1. Baschla, wielstu mich nu lieba,
Weil du mich vor langer Zet
Wuhl zum Pfleckla host getriba
Vnd so rottermansch geheet?
Saul die Zet schier kumma,
Dass mir se benumma
Ass mem so betrübta Hartz
Allar kummarlichar Schmartz?

2. Räicht kan ich nu Liebas-Räncka
Vnd och den die grolche Peen,
Wie ich mich offt mussa krencka
Vmb dich vnd die Schienhet deen,
Wie ich ho gesassa,
Nieschta könna frassa,
Immer mich noch deer gesäint
Wie der Räinwurmb, biss dass räiut.

26,5 von Abend, heut Abend — 1,1 Baschla, poln. Basia, Koseform für Barbara. Bei Gryphius (Seugamme 1663 III, 1 = S. 484 ed. Palm 1878) Bäsche — 1,3 zum Pflöcklein treiben muss ein Synonym von geheien = peinigen sein — 1,4 rottermansch, Euphemismus für sacramentisch — 2,2 grolich, graulich; vgl. Nr. 15, Str. 7,3 —

3. Ich bin wurde racht geschüttelt,
Arger oss a Struwisch mag,
Wie dar Wind e Garba rüttelt,
Muss ich zwefeln alle Tag,
Oss du mich wilst nahma,
Oder oss mich schama
Saul für deer ich armer Knaicht,
Oll se Latig ists nicht raicht.

4. Drumb och mene Lämle plecka
Dich, du bisa Baschla, ahn,
Drümb och mene Ziegle pecka,
Vnd dich och die Ganss pfefft ahn,
Och die Enta schnodern
Vnd sich mit dir hodern,
Wie zu Hauss och prilt die Kuh:
Bisa Baschla, su gihts zu.

5. Nu so nempt michs leda Wundar,
Wie denn das och kan geseen,
Dass die Walt vnd oll jhr Plunder
Sich verendert: meene Peen
Wil nicht bessar werda,
Weil ich lab auff Arda,
Wie denn e su grosser Muth
Starba muss dan bittar Tudt.

6. Wilstu dech traun nu besinna,
Baschla, mene Peen vnd Lust,
Wilste mich nu lieb gewinna,
Nicht so biss thun, ass du thust:
Saul die Paucka brumma
Vnd die Feedel summa
Noch der aller beste Kunst
Vff Gesundhet Baschla Gunst.

3,8 Oll se Latig, alle seine Lebtage — 4,1 plecka, blöken — 4,3 pecka, schreien — 4,5 schnodern, schnattern — 5,1 leda, leiden = sehr; aus der Beteuerung 'Gottes Leiden' entstanden —

7. Alla Sperling vff a Dacharn,
Olles, was och zetscharn kan,
Olle Käutzla in a Löcharn
Sullen nawe Lieder han,
Die ich von dir dencka.
Ich wil dir och schencka
Olles, was ich jmmer kon:
Nim mich nur zum Freer ohn!

Text und Melodie in den 'Weltlichen Oden oder Liebesgesängen' des Zittauer Organisten Andreas Hammerschmied (geb. 1611, † 1675), 1. Theil. Freyberg 1642 Nr. 14. Exemplare in Berlin und Kamenz. — Über das Leben dieses talentvollen Komponisten vgl. A. Tobias, Mitteilungen des Vereins f. Gesch. der Deutschen in Böhmen 9, 238—248 (1871).

Nächst Kobers Idea militis vere Christiani (1607), über die Palm in den Schlesischen Provinzialblättern 1867 6, 7 gehandelt hat, sind die hier abgedruckten Nr. 12—14 wohl die ältesten Beispiele poetischer Verwertung der schlesischen Mundart. Es folgt dann A. Gryphius mit seinem Verliebten Gespenst (166. vgl. die Ausgabe von Palm 1885 S. 28 f.), Hallmanns Urania (1667 S. 44. 58. 75) und Adonis und Rosibella (1673 S. 13. 31. 66), Christian Weises Beschützte Unschuld (Überflüssige Gedanken 1673 S. 245—250) und im 18. Jahrhundert Daniel Stoppe (Gedichte 1, 142. 149. 2, 4. 13. 65. 86. 149. 1728—29) u. a.

Die den Nr. 14—15 beigegebenen Worterklärungen verdanke ich zumeist der Güte Karl Weinholds, des Altmeisters der schlesischen Dialektforschung.

B. Schlesische Bauer-Gräte.

1. Gorga, mustu denn och klinsaln,
Dass du mer och jmmer Peen
Met dan Zanna, met dan Winsaln
Machst, uss wenns och muste seen!
Los das Wäsa bleba;

7,2 och, nur (auch Nr. 14 B, 1,2 u. ö); zetschern, zwitschern — 7,3 Käutzla habe ich für Häutzla eingesetzt. — 1,1 klinseln, weinerlich klagen — 1,3 zannen, grinsen, weinen.

Woll wir doch vertreba
Vnser Zet met Fred vnd Lust,
Wand' ag nich su jähss müh thust.

2. Menstu, dass ich dich nich lieba,
Wenns dues offte wissa selst,
Wie ich mech a su betrieba,
Wenn du dich nich freundlich stelst,
Wie ich mich zuzanna,
Jammerlich zuflanna,
Dass mer offt, wenn ich su heul,
Wird fürn Oga krin vnd geul!

3. Ja ich wees, dass e man Hartza
Nischt ass Asch vnd Pulver ist,
Wie ich mir och offt an Schmartza
Ho a bittern Tudt erkiest.
Sol ich dech nu lussa,
S wer a schönner Pussa,
Wel du su a hischar Knaicht.
Sa mer, Görge, wers och raicht?

4. Westu, wenn du kimbst geganga,
Wie dich vnsa Wackar kent,
Wie er hin vnd har an Strange
Og für grossar Liuba rent,
Wedelzahlt vnd schmeichelt,
Wie die Miza heuchelt,
Wenste nan zum Harde kimst?
Denck, was du draus abenimst!

5. Kloste, das noch dennar Schmärtza,
Dennar grussa Hitz vnd Peen,

1, 8 Wenn du nur nicht so jähzornig mehr thust — 2, 8 grün und gelb — 4, 5 wedelzahlen, mit dem Schweif wedeln — 4, 6 Miza, Katzenname — heucheln, in der urspr. Bedeutung: sich ducken, schmeicheln. Gryphius, Dornrose I (S. 261 ed. Palm 1879) = 'Se [die Hündin] sprang, se heuchelte mer, se that, ass wenn se mich wolde willkommen hessen'. — 4, 7 nan, nahe — 5, 1 kloste, klagst du —

Die du wega meen am Härtza
Fühlst, ke Ende wolle seen?
Sprichst: Ich muss verdarba
Eh dar Noth vnd starba?
Dencke, Görge, hostus nicht
Aher salber zudericht?

6. Luss vns ausswarts och darrecha,
Wann wir warn in Kratzscha gihn,
Sich, ich wil zum Lieba zecha
Zwantzig Rehne mit dar gihn
Vnd nach zahna drüber,
Wel mir kener lieber.
Wer wil trawrig seen, der mag,
Schaff ag du an Dudelsack!

7. Wird sich och der Battel schwancka,
Solste (sich) der Wundar sahn,
Was mit vnsarn Liebes Rencka
Noch der Arnta wird geschan.
Drumb so luss das Wäsa,
Bistu doch genäsa,
Wel de (dass dus aber wist)
Nu men Schatz vnd Hartzla bist.

A. Hammerschmied, Weltliche Oden 1, Nr. 15 (1642) mit Melodie.

15. Schlesischer Coridon.

1. Kätla, dene Härla
Macha, dass viel Zährla
Mir ass mene Oga gihn,
Wenn ich dich bam Viech sah stihn.
Dene Ogla gläntza

5,8 zudericht, zugerichtet; wie Nr. 15, Str. 7,8 zudesaid
— 6,1 wohl verderbt — 6,2 Kratzscha, Kretscham, Wirtshaus — 6,4 Rehne, Reihen, Tänze — 7,1 Battel = Barthel?
— 1,3 steht im Orig. vss statt ass, 1,4 Vieh statt Viech —

Wie die Sonn am Läntza;
Froga nich, was ander sain,
Wenn ich dich erlangen kain.

2. Dene rutha Wanga
Mache mir Verlanga,
Ich verliesa gantz a Muth,
Wu du längar thust ke Guth.
Denem Buscha mussla
Gah ich gern a Pussla,
Wäre drumb e man Gesicht
Os a Kase: sihst dus nicht?

3. Dene wasse Hända
Mache, dass ich schända
Mich a su darschräcklich ab,
Dass ich noch wol kom as Grab.
Muss mich wul zuflanna,
Bitterlich zuzanna,
Dass du mit a Kühe gist,
Mir och nich a Wort gestist.

4. Lieb ist mir nischt nütza,
Ass doss ich fän schwitza
E der kaala Winterzett,
Wenn mirs uff a Brust so leht,
Krieg och wul das Friesa,
Wenn ich uff a Wiesa
Bee dan Lämmern vnd bee dir
An der Lieba starbä schier.

5. Ist das nicht der Geer,
Dass du so viel Freer
Hust mit Kürbla lussa gihn,
Wirds och langa schina stihn?
Wilstu dich darbarma

2,5 Buscha mussla, Mündchen (sonst unbekannt) — 2,6 Pussla, Kuss — 3,2 schända, schinde — 4,5 Friesa, Fieber — 5,1 Geer, Geier —

>
> Vnd in mene Arma
> Dich a wenig drucka lohn?
> Bessar kümstu nich darvon.
>
> 6. Was wilstu viel göckla
> Vnd die Liebe löckla,
> Wilstu nich (ich dars nicht sahin)
> Dich a wenig hertza lahin?
> Lass dichs nich verdrissa,
> Dass die Leita wissa,
> Buhlt doch jetz die gantza Welt,
> Niemand iss, dams nich gefält.
>
> 7. Wilstu mich nu lieba
> Vnd nich mehr verschieba
> Mene bitter grollge Peen,
> Su wil ich denn ega seen,
> Wil och tapper singa,
> Dass der Walt saul klinga:
> Kathe, Kathe mene Maid
> Hat mirs hönte zudesaid.

A. Hammerschmied, Weltliche Oden 2, Nr. 13 (1643).

16. Der schöne Baltzer.

> 1. Wenn der selt menn Broitgma sahn,
> Ihr werd ja garn an Bihma gahn,
> Da schina Schultze Knacht;
> Ich lach und fröh mich salber schund,
> Wie der Uchs ufs Heegebund,
> Wenn ich mern betracht.
>
> 2. A hot der an scheinen graussen Kup,
> A finckelt wie a Ufe-Tup,
> A heisst Honnss Baltzer Zancker.

6,1 göckeln, Gaukelei treiben — 6,2 löckeln, leugnen — 6,4 dars, wage es — 7,8 hönte, heut Nacht — 1,2 Bihma, böhmischer Groschen —

Wenn a mich nu koresirt,
Doss sich ols am Leebe rührt,
Och do thut mers Lomper.

3. A jot mich noilich ey da Stuol,
A macht, doss eich kuom gor zu Fuol,
Der fickerleitsche Mon,
Durt haut a meich wull raicht gedruckt
Uba, hunden und furn gezupt,
Ich mags ock ne racht son.

4. Wenns ock nu bald Ustern wer,
Do wer ich oller Surgen ler,
Do warn wer Huchzich hon,
Do muss a immer bemmer seen,
Ich luss a ne aussm House gehn,
Da allerliebste Mon.

5. Es wird och praf zu frassa gan,
Sie warn sich olle Frede san
Bey unserm Hochzig-Schmauss,
Ann Hierse-Papp, ann Wantze-Papp,
Arbsa, Miern und Pasternack
Und ann gebrotne Lauss.

6. Baltzer hot wul och ims Geld
Dree Musecanten schun bestellt,
Die Kerle blausen fix
Ann Daudelsag, ann Schallemöh,
A galer Wurm eis a derbee,
Dar macht an frische Muth.

7. Wenn wer nu warn gessa hon,
Su nahm ich meir menn liebe Mon
Und tantze wacker zu,
Dau wull wer inss darhitza,
Doss ins die Boiche schwitza,
Darnauch geint weir zur Ruh.

5,4 Wantzepapp, 1. Waizenpapp? — 5,5 Miern, Mohrrüben — Pasternack, Pastinakwurzel — 6,5 galer Wurm, Trompete.

Handschriftlich mit Melodie an einem Berliner Exemplar von Sperontes (= J. S. Scholze), Singende Muse an der Pleisse Leipzig 1736.

17. Kätchen von Gersau.

1. Gott grüss euch, Gevatter Matths, säuberlich!
Was kompt mir jetzt in Sinn?
Wir wollen ziehen nach Gersa,
Das ligt nicht weit von hin:
Zum Schulthsen, zum Schulthsen,
Der hat ein praves Mägdgen stoltze,
Dasselbige muss ich han.

2. Da wir nach Gersa kamen,
Wir klopfften fein leise an.
Sie meynten, es wär ein Krieger,
So wars ein Edelmann.
Schulthsen Kätgen, Schulthsen Kätgen
Ist ein praves Mägdgen
Und hat der rothen Pfenninge viel.

3. Mein liebes Jungfrau Kätgen,
Wilst du mein Schätzgen seyn,
Ein Lätzgen will ich dir kauffen,
Von Perlen soll es seyn,
Von Barchen; wann du wilt gehorchen
Und mir nicht widerschnarchen,
Solt du mein Schätzgen seyn.

Tugendhaffter Jungfrauen und Jungengesellen Zeit-Vertreiber o. J. (um 1700) Nr. 151. (Berlin Yd 5111; vgl. Serapeum 1870, 153). — Gantz neuer Hans guck in die Welt (Berlin Yd 5116) Nr. 15.

18. Werbung einer Bauernmagd.

1. Ach hertzeliebe Bauers-Frau,
Ach, gebt mir euren Mann!
In seiner grossen Taschen,

1, 3 gemeint ist die Gemeinde Gersau im Kanton Schwyz.

>   Die steckt voll Böhmischr Groschen,
>   Die wolln wir bald vernaschen
>   Beym Bier und kühlen Wein,
>   Da wolln wir lustig seyn.
>
> 2. 'Ach hertzeliebe Grosse-Magd,
>   Mein Mann bekombst du nicht;
>   Mein Mann der ist mein eigen,
>   Er kan fein fiedeln und geigen,
>   Drumb sollst du stille schweigen
>   Du wirst ihn schwerlich kriegen,
>   Mein Mann der ist mein Mann,
>   Den muss ich selber han.'
>
> 3. Ach hertzeliebe Bauersfrau,
>   So gebt mir euren Sohn
>   In seinem gelben Ledrigen,
>   In seinen rothen Fedrigen,
>   In seinen schwartzen Stiffligen,
>   In seinem bundten Fiedligen:
>   Denselben will ich han
>   Zu eim ehlichen Mann.
>
> 4. 'Ach hertzeliebe Grosse-Magd,
>   Mein Sohn bekombst du nicht;
>   Er ist ein frisches Blütigen,
>   Er freyt umbs Richters Grietigen,
>   Die hat ein grosses Gütigen,
>   Darzu ein frisches Müthigen:
>   Dieselbe wil ihn han
>   Zu eim ehlichen Mann.'
>
> 5. Ach hertzeliebe Bauers-Frau,
>   So gebt mir euren Knecht,
>   Den langen dicken Brosen
>   In seinen Sonntags-Hosen,
>   Er kan so freundlich kosen,
>   Er trägt ein Krantz von Rosen:
>   Denselben will ich han
>   Zu eim ehlichen Mann.

6. 'Ach hertzeliebe Grosse-Magd,
Mein Gross-Knecht solt du han;
Am Dienst will er nicht bleiben,
Sondern will sich beweiben,
Er kan fein spieln und scheiben,
Kan dir die Zeit vertreiben:
Mein Gross-Knecht solt du han
Zu eim ehlichen Mann.'

7. Ach Brose, lieber Gross-Knecht mein,
So komb zur Jungfer her!
Du solt mein Greten nehmen,
Du darffst dich ihr nicht schämen;
Verlöbnüs wolln mir machen
Und greiffen zu den Sachen:
Ein Thaler gibt sie dir,
Sag zu: was gibst du ihr?

8. 'Ach Greta, Gott sey Lob und Danck,
So wirst du nun mein Schatz!
Drauf geb ich dir ein gülden Ding,
Darzu ein silbern Finger-Ring,
Drein ist ein rother Stein versatzt,
Mein Ehre sey dir zugeschmatzt:
Ein Schmätzgen geb ich dir,
Ein Küssgen gib du mir.'

9. Ach Brose, lieber Brose mein,
Nun hab ich dich erschnappt.
Ich habe dich von Hertzen lieb,
Du allerliebster Hertzens-Dieb,
Mein gantzer Leib der ist dir hold,
Gewiss du mir das glauben solt:
Drauf geb ich dir ein Schmatz,
Du allerliebster Schatz.

10. 'Ach Greta, Gott seys jo gedanckt,
So bist du nun mein Schatz! —
Ach Brose, was ist dein Begehr? —

Ach Greta, reck dein Dünschel her,
Dass ich mein Hertzgen laben kan! —
Ja, Brose, den soltu von mir han.
Hochzeit wird nun gemacht:
Ein Schmatz zu guter Nacht!'

Tugendhaffter Jungfrauen und Jungengesellen Zeit-Vertreiber. Gedruckt im gegenwärtigen Jahr [um 1700] Nr. 119. — Gantz neuer Hans guck in die Welt. [Nürnberg,] J. J. Felseckers sel. Erben o. J. Nr. 69. — Bei Uhland Nr. 275 und Böhme Nr. 234 stehen nur die ersten fünf Strophen nach dem Bergliederbüchlein [um 1730] Nr. 192.

19. Hans und Grete.

Grete.

1. Honns, du bist een Hartens-Junge,
Seeg, willt du nick syen myn Monn?
Nah dick heb ick lang gerunge,
Wann ick dick man kreegen kon;
Dann im gonzen Pummerlond :‚:
Is diens glicken nick bekonnt.

Hanns.

2. Ack, myn leeber Hartens-Engel,
Du, du host meck gonz entzündt.
Su ols een Russmoreienstengel
Leeb ick dick, myn lybes Kind,
Du bist myn zu oller Tied,
Du bist mynes Hartens Früd.

Grete.

3. Myne Mudder will nick leyde,
Wann ick von dan Freyen seeg,
Und dat wer dock myne Freede,
Wann et hüte nock gescheeg,
Dat de Hochtied käm heron
Und du wärst myn leyber Monn.

10,4 Dünschel = Mund, sonst nicht nachgewiesen (vgl. bair. Dützel = Lutschbeutel, Drüssel = Hals, Drütschel).

Hanns.

4. Tho ick von dee Hochtied sprecken,
Is myne Mudder nick to Hut;
Voter will den Hols my brecke
Und he segt: Da wart nüscht ut.
Dock ick weet, wie icks fang an:
Ick werd bey dee Heerschapt gahn.

Grete.

5. Wann dee Hoerschapt dick weerd fragen,
Wat eck noch Vermögen thu,
So konnt du ehr drüste seggen,
Ick kreeg nock enne scheene Kuh;
Gänse, Höner un eh Schwiehn
Warren ock daby nock syn.

6. Wat gehört zum Hochtied-Eten,
Dat köfft mine Mudder my,
Daby werd sie nick vergeten
Ock den Brannewyn un Beer
Un tur Tucht en ollen Hohn,
Der de Höhner koppen kon. —

Hanns.

7. Engel, hör, ick will diet seggen:
Gistern segt myn Vader my,
Dat ick dick nunmehr soll heben;
Danah konnt du rickten dick.
Nu geiht bold de Hochtied lot;
Da, da werd de Freede krot.

Grete.

8. Dat is myne Hartens-Freede,
Dat ick dick nu kreegen kon,
Dat wie weeren all beede
Ick dyne Fru un du myn Monn.
Ack, dat is myne Hartens-Freed,
Dat de Hochtied bald luss geht.

Hanns.
9. Nu mut man dat Hochtied-Eten
Dock ock wuhl bold schoffen on;
Spellüt mut man nich vergeeten,
Dat man eensmals tanzen kann,
Un wie uf dat allerbest
Plegen unsre Hochtied-Gäst.

Grete.
10. Wat bien Eten werd passeren
Und dat best Gerücht werd syn,
Weren Klös un Backebeeren,
Ock een Stück van eenen Schwien,
Gäns un Höner ock daby
Un denn een Glas Brannewyn.

11. Unsre allerneegst Verwandte,
Dat syn unsre Hochtied-Gäst,
Nabers un die goot Bekannte
Plegen wir ufs ollerbest.
Is dat Eten nich allto goot,
Mackt dat Trinken eer goten Moth.

12. Hanns de mut de Fiddel stricken,
Gürg versteiht dee Leyer goot;
Kcne syn au eeres gliecken,
Der da mackt een freschen Moth.
Märtens speelt den Dutelsack
Den gonzen Toog un ock dee Nackt.

13. Brut un Brötgen olle beede
Syn gar flietig by dee Hond,
Dat by eerer Hochtied-Freede
Olles es een gooten Stand
Un dot alles vuller Fried
By der Pommerischen Hochtied.

Sammlung | neuer | Weltlicher Lieder | und | Arien. | Gedruckt in diesem Jahr. | 64 S. 8° o. O. u. J. [um 1800] Nr. 29.
— Berlin Yd 7912, 112. — Der Verfasser war der hinterpommerschpreussischen Mundart nicht mächtig; vgl. 3, 2 dan; 4, 2 Hut; nick.

9, 2 schotten Dr. — 10, 6 Branneweyn Dr.

20. Cupidos Macht.
(Bauer und Student.)

1. Mey, soit mer ock, war Cupido gawasn,
   Vu dam ma su vieles thut schriba und lasa!
   Ha iss wull gewasa a traflicher Mon,
   Weil a su viel Schmirakel und Wunder gethon?

2. 'Ey nicht doch, mein Bauer, du thust gar weit fehlen,
   Du musst den Cupido vor keinen Mann zehlen:
   Er ist nur ein kleines vorwitziges Kind,
   Geflügelt, geflammet, ein Schütz, und doch blind.'

3. I doss dich potz tausend, dar Karla kon liga,
   Su möcht ich doch garn sahn sey Bettstodt und Wiega,
   A Kind sey, und blind seyn, och schüssa derbey,
   Ech loss mers nich nahma, sis lauter Hexerey.

4. Und wenn ich soll halffa und rotha zum Nutza,
   Su möcht ma su am Jungla de Flügla verstutza:
   Süst floigt a zu Loitha wie a Schwolma eis Haus,
   Baut lauter Vogel-Nastla; der Gayer nahms aus.

5. 'Du närrischer Bauer, er lässt sich nicht kriegen,
   Der welcher gewohnet das Herz zu besiegen.
   Verstutzt man die Flügel, sie wachsen aufs neu,
   Er fesselt die Herzen, liebt selber ganz frey.'

6. I nu, nu, su sah ich, iss wull bey da Sacha
   Nich lange zu tändaln; wie soll mas denn macha?
   Ich dächte, ma lief und verkriecht sich ey a Loch,
   A Jungla, was blind iss, kümmt wull nich a noch.

7. 'Du närrischer Bauer, wo Zepter und Kronen
   Die Liebe mit Opfern und Küssen belohnen,
   Da wird wohl dein Kittel nicht kräftiger seyn,
   Es nisselt die Liebe wohl ebenfalls drein.'

8. I nu, iss dos Lieba dar Welt su gemene,
   Su will ich ock mey Sex keen Norr syn allene;

2,2 muss Dr. — 8,2 Norr keen Dr.

Und weil mer mey Grittla keen Schmotzla versoit,
So hoa ich Cupidarn umsüste verkloit.
Sieben Neue Arien. | Die Erste. | Ich schiffe auf der See. |
2. Wenn seh ich dich entfernte Schöne. | 3. Nein, glaubt mirs
nur. ' ☐ | 4. Lieben ist ein Werk der Götter. | 5. Mey soit mer
ock war der Cupido. | 6. Mich, o Doris! willst du hassen? | 7.
Gestern hört ich recht in stiller etc. '| Gedruckt in diesem Jahr. |
4 Bl. 8° [um 1800]. — Berlin Yd 7917, 33.

Eine ältere Fassung, gleichfalls im schlesischen Dialekte, enthält das um 1745 zu Altdorf geschriebene Liederbuch des Freiherrn A. E. F. von Crailsheim (Berliner Ms. germ. qu. 722) S. 559 f. — Str. 1—4 stimmen überein, dann folgen vier kürzere: 'Jagt nur die Liebe naus!' und: 'Jagt mir die Liebe nein!'

Die Zusammenstellung Cupido und Bauer stammt wohl von den englischen Schauspielern her (Creizenach, Die Schauspiele der engl. Komödianten 1889 S. CVI), die den Galanterien des Helden die plumpen Liebesäusserungen des Clown wirksam gegenüberstellten. Andere Beispiele im Anhange III, Nr. 144. 146.

21. Bauernhochzeit.

1. Ydt woll een Buwr een Brutlacht hebben,
   Een Flegel scholt dem annern seggen,
   Sey kaimen daher mit grouten Bidden
   Na Buwrmans Sidden,
   Malck brochte syne Graitken midde.

2. Hans Gimmers hae Vyd Schnitzer gebeen,
   Hey scholle meer Bruwt in dey Kercken treen;
   Hey wasse fahren int Holt,
   Twas bitterliken kolt,
   Asse men dey Bruwlach holden wold.

3. Asse hey fahren quam thou Huss,
   Dou treckten sey dey Bruwt thour Kärcken uth,
   Hey steyg schwinne vanr Meeren raff,
   Thou düssem Gelach
   Bout hey der Bruwt een guen Dag.

—
1,3 Bidden, Bütten — 1,5 malk, jeder.

4. Sey tögen daher den besten Weg
   Mitter Bruwt naem nyen Steg;
   Ydt hae regent un was gar natt,
   Dat Steg was glatt,
   Dou fell dey Bruwt up ör Assgat.

5. Dey Brögam sprack: Dat yss nich gut,
   Hey touch dey Bruwt byem Beine heruth;
   Sey hae besölt ör Bruwtlachs-Kleed,
   Twas dem Brögam leed,
   Dat hey in syne Pumphössken scheid.

6. Vyd Schnitzer sprack: Herr Brögam,
   Heb gy Desen in juw Hössken gedahn?
   Ydt geyt vorwar een övel Rock
   Uth juwer Brock.
   Dey Brögam sprack: Dat holl ick ock.

7. Dou sey in dey Brutlacht queimen,
   Weer Stöil eer Benck sey verneimen,
   Sey streckten seck dal wol umb dat Für
   Up Evendür,
   Ja Freten un Supen was dar dür.

8. Dey Bröegam hae söss Häri gehalt,
   Dey hae hey kume halff betalt,
   Hey drog ock dree Bücky hennin,
   Dey weren gar kleen,
   Darby wolden sey lustig syn.

9. Sey haen sick laten thorichten ock
   Een Stück vam fulen Hackelblock,
   Scharp aff mit Kamerloge fyn suer,
   Dat schmeckde den Buern,
   Darup kunden sey supen.

10. Dey Bröegam was een lustig Cumpan,
    Hey stack een Tunne vull Hüppy an,

4,5 Gat, Loch — 5,3 besölen, besudeln — 6,2 Desen,
Bisam — 6,5 holl lick Dr. — 8,3 Bücky, Bücklinge —
10,2 Hüppy, muss ein Aufguss von Kleie oder ein Biername sein.

Den hae van Klyen gekakt syn Brut,
Schmeckte vnbilken gout,
Den söpens rein mitter Barm uth.

11. Vyd Schnitzer was een lustig Cump,
Hey kun spelen vpper Multrump,
Dreivs Dümpel was öm balle gelyck,
Hey leyp nam Dyck,
Makede van Rohr een Schalmeyenpiep.

12. Dou quam dey groute Flabbeschnute Hans
Un hae mee Gräitken den Vördantz,
Hans spranck up, spranck Gräitken hendal;
Dat deyen sey allthoumal
Un piepten malck anner up dey Flabben.

13. Dou dantzte Löke Tilledappen
Met synen nyen Stickelappen,
Hey makde seck recht, hey makde seck krumm,
Spranck tapper herumm
By synen krummen Rüdigen.

14. Dey Brögam quam wol thou hand,
Nam dey Brut midn uthm Dantz,
Hey sprack: Wy wilt thou Bee gahn,
Wem lietr wat an?
Dey Gäste möget hen thou Huess gahn.

15. Dou schlentern sey malck anner hen,
Sey haen nein Lecht un kunnen nich säin,
Sey haen een Bee van fofftein Feern,
Gelappet mit Leer,
Darup wolden sey schlapen.

16. Och Mäiken, du bist süverlyck,
Eck bin sehr arm un du nich ryck,
Wy willen dey Büke thou hope kehren,
In Tüchtn un in Ehren,
Mit Hunger unne Kummer össk wol ernehren.

11, 2 **Multrump**, Maultrommel — 12, 5 **piepen**, küssen — **Flabbe**, Mund.

17. Dey össk düt Laicken hefft gedacht,
Dey hefft ydt Vyd Schnitzern thou Ehren gemacht;
Wo ener spreke, ydt weire nich gut
Un nich nütte,
Dem schmiete man Botter in dey Grütte!

Drey Weltlich | Newe Lieder. | Das Erste. | Es wolt ein alt Mann Hochzeit han, er hatt | Das Ander, | Ein Weib hab ich genommen, ich armer | □ | Das Dritte. | Ydt wolde een Buwr Brutlacht hebben, een | Im Jahr, 1639. | 4 Bl. 8°. — Berlin Ye 1557. — Die Mundart weist, wie mich W. Seelmann belehrt, auf das Gebiet im Süden der Aller.

22. Pommerische Hochzeit.

1. Als Schulten Hans de Köste gaf
   Met onse Nabers Grete,
   Da tanzten de Lüd mehr op den Kop
   Als sonsten op de Föte.

2. Dat Volk kam uth dem Dörp heruth,
   To fahren on to rieden,
   Se schooten, dat det Führ nahflog
   Wohl manck de Köstings-Lüde.

3. De Matz de sull Platzmeister sen,
   He had een Paar nye Ermel,
   Den Koop had hee met Mehl bestreut
   On ock een Paar Schwiensdarmel.

4. De Brüdgam wass schön uthgeputzt,
   He had een Paar nye Haasen,
   De stunden em so schmock on schön
   Als een Paar Ossenblasen.

5. De Bruut wass sehr schmock anthosehn,
   Se had een nyen Kragen,
   De stund er ock so schrecklich schön
   Als wie een Kalvermagen.

17, 1 l. erdacht — 1, 1 Käste Dr. — 3, 1 Platzmeister, Lustigmacher.

6. Als nun de Bruut tor Truung gieng,
   Da kun se ock schön knecken;
   Dem Brüdgam platzt de Böcksenknop,
   Als he sich grad död böcken.

7. De Bruut grep undert Scherdeldock
   Na ere blanke Ringe,
   De Brüdgam thog uth den Böcksen heruth
   Woll eben solcke Dinge.

8. On als et nu to Dösche gieng,
   Da fing sick an een Freeten.
   De Bruut, de satt hübsch boven an,
   Als wör se hen geschmeten.

9. On als et an dat Drincken kahm,
   Da gieng et an en Larmen,
   Se schrögen ydel Floribus
   On ydel runge Darmen.

10. Man wie et to dem Danzen gieng,
    Dan wör ock wat to sehen:
    De eener bloss op en Rollehorn,
    Dat kun he emmer uththeen.

11. He thog et uth, he stock et en,
    He kun dat Loch got treffen,
    Dat Ding dat kveddert so schmuckig sehr
    Als wie de Hingerste vom Steffen.

12. De eener had son schwanket Hoorn,
    Dat fing he an to kniepen;
    He knep, he beet, he reth so sehr,
    Bet er vör Angst must piepen.

9,3 in Floribus war ursprünglich eine bestimmte Trinkweise. Niederdeutsches Jahrb. 11, 166. Rist, Dichtungen ed. Goedeke S. 55. Moscherosch, Gesichte 1650 2, 235 — 11,3 quaddern, ein unbestimmtes Geräusch machen — 12,4 er, lies he oder et.

13. De ander had son krummet Horn,
    Dat wör dreymal gewungen,
    Bald bloss de Meister, bald bloss de Gesell,
    Bald gaf heet ock dem Jungen.

14. On da kam eener met een Paar Kätels herfär,
    De waren met Ledder betagen.
    Potz dusend hungert, wie bullert dat!
    He wull de Gäst verjagen.

15. Tholetzt kam onse Herr Orgenist,
    He wör sonst wat gelehret,
    On doch wurd dese kloge Geck
    Met tho dem Danz verföhret.

16. Don lachten de Lüd recht hartlich sehr,
    Als he de Kromsprüng mackte,
    Bald als en Bock, bald als een Baar,
    Dat he de Deern man rackte.

17. Dat wör sonst eene schmocke Deorn,
    Drog Schoh met rothe Afsatzen
    On had een schöne blanke Steern,
    Dran död he sick ergetzen.

18. Man als he noch em besten Danz wör,
    On löp er emmer tho Halse,
    Da satt se em stracks för den Foth,
    Dat de ohle Geck must fallen.

19. Dat schmart em sehr, he sprung bald op,
    He wull de Deern possen,
    Da kreeg de Heert em gliek bym Koop;
    Nun mackt he grote Glossen.

20. On als de Köst geschehen wör,
    Blew Hans met de Bruut alleene;
    Wat he da heft met er gemackt,
    Dat hebb eck nich gesehne.

19,2 possen, küssen.

Drey schöne | neue Lieder. || Das Erste. | Gott grüss euch Alter! schmeckt | das Pfeifchen? | Das Andere. | Als Schulten Hans de Köste | gaf, met onse. | Das Dritte. | Een Buhrknecht gieng woll na | de Köst, wull da. || Gedruckt in diesem Jahr. | 4 Bl. 8° [Anfang des 19. Jahr.] — Berlin Yd 7924, 25.

23. Bettelhochzeit.

1. Es wolt ein alt Mann Hochzeit han,
   Er hatte weder vmb noch an
   Als ein klein altes Schnitzerlein,
   Das muste er thun behalten wol auff der Hochzeit fein.

2. 'Ach lieber Breutgamb, thue mir sagen,
   Wie viel hastu Gäste geladen,
   Das ich mache ein Fewerlein,
   Schlachte das Vieh vnd koch es fein.'

3. "Hinter meiner Schwieger Thür
   Da sieht ein altes Fass herfür,
   Dasselbe nimb vnd mach ein Fewr,
   Besser Holtz ist mir zu thewr."

4. Man schlacht ein Ganss wol für ein Kuh
   Vnd auch ein Hering vor ein Hun,
   Der Sperling war der Brauthan,
   Man satzte kaum die Helffte an.

5. Die Gäste waren trucken vnd nass,
   Der eine nam ein Herings-Nass,
   Der ander ein Sperlings-Bein,
   Der dritte ging vngefressen heimb.

6. Braut vnd Bräutigamb waren beyde arm,
   Sie machten Hochzeit, das Gott erbarm,
   Sie hatten kein Stroh vnd auch kein Bett,
   Die Kleider waren jhre Deck.

1, 3 Schnitzerlein, Fetzen, Abschnitt.

7. Der Breutgam thet fein lieblich kosen,
Geflickt war das Wammes, zerrissen waren die Hosen,
Darzu waren die Strümpffe nicht viel werth,
Bloss ohn Schu ging er auff die Erd.

8. Auff der Hochzeit gings fein artig zu,
Die Gäste waren lustig vnd froh,
Die Spielleut machten auff gar fein
Mit der Maul-Trumpff vnd Pfeiffelein.

9. Braut vnd Bräutigam gingen in den Keller,
Sie hatten weder Pfennig noch Heller,
Die beyde leschten aus das Liecht,
Was sie theten, das weis ich nicht.

10. Der Bräutgamb heist Matz von Nichtshaben,
Die Braut Jungfer Lutze von Leisetraben,
Die haben sich beyde zur Ehe genommen,
Sind eben recht zusamm kommen.

11. Der Bräutgamb ist faul vnd nicht risch,
Bringt der Braut wenig auff den Tisch,
Stecken beyde in Angst vnd Noth,
Wollen essen, haben kein Brot.

12. Diese Hochzeit hat nun ein Endt,
Der Bräutgamb arm, die Braut elendt,
Ziehen das Landt auff vnd nieder,
Betteln das Brot, verkauffns wieder.

13. Also habt jhr von der Hochzeit gehort,
Matz Tölpel hat den Brey geruhrt,
Cuntz Kachelofen hat den Löpffel geleckt,
Das hat jhnen beyden wolgeschmeckt.

14. Noch muss der Handel getrieben seyn,
Also ende ich mein Liedlein,
Wers nicht wil gleuben, der zieh hin,
Da ich auff der Hochzeit gewesen bin.

Drey Weltlich | Newe Lieder. | Das Erste. | Es wolt ein
alt Mann Hochzeit han, er hatt | Das Ander, | Ein Weib hab

ich genommen, ich armer | ☐ | Das Dritte. | Ydt woldt een Buwr Brutlacht hebben, een | Im Jahr, 1639. | 4 Bl. 8°. Berlin Ye 1557. In einem Quodlibet v. J. 1620 (Weimarisches Jahrbuch 3, 130) stehen die Zeilen:

    Der Bräutigam war arm, die Braut hatt nichts,
    Darum verloren sie auch nichts,
    Und wer hinnach gieng, der fand auch nichts.

24. Der Hanrei.

1. Hort zu, jhr jungen Gesellen fein,
Ein kurzweiliges Liedelein!
Drumb kompt herzu, beid gross vnd klein,
Ihr Kindelein, wol ins gemein
Zum Hanerey.

2. Der Breutgam der ist Lobens werth,
Ein Eysen hat verlohren sein Pferdt.
Forth, jmmer forth mit seinem Kopff:
Der arme Tropff, der Dudentopff!
Trarara.

3. Die Braut ist Jungfer lang gewest;
Die Jungen sein kommen aus dem Nest,
Das Kelbelein kricht er mit der Kuh
In guter Ruh, frölich darzu
Zum Hanerey.

4. Ghar wunderbar gehts in der Welt,
Ich hab den Beutel, ein ander das Gelt.
In der Liebe brendt der junge Helt,
Er liebet das Gelt, welchs jhm gefellt.
Trarara.

5. Gaudiamus omnia;
Lieber Hanrey, bistu da?
Die liebe Gedult dat ist dir gut,
Ein breiten Hut, habd nur ein Muth,
Du Hanerey.

6. Ach last vns jmmer lustig sein,
Drincken gut Bier vnd kühlen Wein;

   Ob gleich die Braut noch Jungfer ist,
   Jhr nichts gebricht aus jhrer Kist.
   Trarara.

7. Wer eine Hure kricht zur Echt,
   Der kumpt fürwar in ein gross Geschlecht;
   Daruon sagen viel Menschenkind:
   Die Liebe ist blindt, kumpt gar geschwindt
   Zum Hanerey.

8. Brillen muss er auffsetzen nu,
   Durch die Finger sehen darzu.
   Wiltu haben Fried vnd Ruh,
   Die Thür schleuss zu, gar frembde bistu.
   Trarara.

9. Ach warumb wiltu trawrig sein?
   Du weist, du bist ya nicht allein;
   Gar viel Geschlecht, gross vnnd klein
   In vnser Gemein, ein Nachbar bey Nachbar,
   [D]u Hanerey.

10. Ach lieber Hanrey, hab Gedult,
   Es ist nur deiner Frawen Schuld.
   Bist frölich frey vnd guter Ding,
   Herumb vnd spring vnd mit vns sing
   Trarara.

11. Fraw Glorica im roden Rock,
   Kum doch herbey, du edle Dock!
   Es ist ein Fraw von Plesant,
   Im Niederlandt gantz wol bekandt
   Zum Hanerey.

12. Warumb ist vns dis Liedt erdacht?
   Yungen Geselln zur Warnung gemacht:
   Ein jederman nur seiner lacht,
   Dieweil er tracht nach Lust vnd Pracht.
   Trarara.

  6, 4 l. gebrist — 9, 4 l. dein Nachbar sein — 10, 3 l. Bis —

13. Also sey diess Liedlein geendt;
Die gnosse Liebe manchen verblendt,
Ein jeder Gesell nems wol in acht
Bey Tage vnd Nacht vnd sein Heyraten wol betracht.

Drey Schöne | Newe Lieder, | Das Erste, Ein schön New | Weinachten Liedt, welches zuuor nü- | werle in Druck, aussgangen. Arm vnd | Reich soll frölich sein etc. |☐| Beneben Zwey angehengte kurtzwei- | lige Lieder. | Gedruckt zu Erffurt, bey Jacob Sin- | gen, In diesem 1613. Jahr. | 4 Bl. 8⁰. — Berlin Yd 7853, 16. — Nr. 2 ist das obige Lied, in dem verschiedenes auf niederdeutschen Ursprung hindeutet. Nr. 3 beginnt: 'Ketgen mein Mädgen, Ach sage mir recht.'

25. Alles doppelt.

1. Eine reiche Magd hat Matz
Der Hausknecht nun genommen,
Mit jhr einen reichen Schatz
Für anderen bekommen.
Denn sie hat, alswie ich hör,
Am Reichthumb, Gut vnd Gaben,
Ja an allem duppelt mehr
Als andre Mägde haben.

2. Sie hat erst den Reichen gleich
Zwey Höuken vnd zwey Röcke,
Zwey Brust-Tücher rauch vnd weich,
Zwey Peltze, drinn zwey Säcke,
Zwey Schnür-Ketten vnd dabey
Zwey Schürtzen, zwey Paar Hosen,
Zwey Paar Schuh, drinn zweyerley
Paar Bänder vnd Schuh-Rosen.

3. Zwey gefüllte Feder-Bett,
Zwey Lacken vnd zwey Küssen,
Zwey gläsirte Kammer-Pött,
Des Nachtes drein zu p—;
An den besten Orth der Stadt

2, 2 Höuken, Mantel.

    Hat sie zwey Kahten liegen,
    Zwey Stieg Schilling sie auch hat,
    Davon sie Rent kan kriegen.

4. Mehr hat sie zwey Stücke Lands,
    Das sind nicht schlechte Sachen,
    Zwey Stück hübsches Linnewands,
    Drauss Matzen was zu machen;
    Zwey Spahn-Fercken kriegt er mit,
    Zwey Küh, zwey Schaff, zwey Pferde;
    Ein paar Hüner feilen nicht,
    Zwey Grapen auff den Heerde.

5. Zwey Köpff vnd zwey Nasen dran,
    Vier Ohren, zwey Paar Augen,
    Ein Paar Mäuler, die sie kan
    Zum Fressen duppelt brauchen;
    Zwey Paar Armen vnd vier Brüst,
    Zwey Bäuch, dazu zwey Rücken,
    Was sonst mehr auch duppelt ist,
    Sagt, kan sich das auch schicken?

6. Lieben Herren, hört nur zu:
    Die Köst war kaum zum Ende,
    Da bekam Matz Kalb vnd Kuh,
    Drumb wurd' er reich behende.
    Alles, was sich bey jhr find,
    Hat duppelt er bekommen,
    Ja die Braut gesampt dem Kind
    Vor eine Magd genommen.

Gabr. Voigtländer, Erster Theil Allerhand Oden vnd Lieder. Sohra 1642 Nr. 81: 'Dieser hat alles Duppelt bekommen' mit Melodie. — Venusgärtlein 1659 S. 142. — Liederhandschrift des Leipziger Studenten Chr. Clodius 1668 S. 126 mit Melodie (Berliner Mscr. germ. oct. 231). — M. v. Waldberg, Die deutsche Renaissancelyrik 1888 S. 192 verweist dazu mit Recht auf die Komödie von Aminta und Silvia 1630 Akt 1, Scene 3; nur ist die Schilderung, die dort der Narr von seiner Geliebten entwirft, keine Prosaauflösung unsres Gedichts, wie W. meint, sondern letzteres verdankt erst der Komödie seine Entstehung.

    4,1 Stück Dr. — 4,8 Grapen, Topf — 6,1 höret Dr.

26. Knecht Lübkes Kindelbier.

1. Mess-Gerkens Grete is Lubkens wif,
Sin kortwil vnd sin tidverdrief,
Der he gemaket heft ein kind,
Dat negen dag gelegn blind.
Nu em sind de ogen clar,
Röpt id lude: Lubke vaer!

2. Tom kindelbeer de old kumpan
Dat husgesind heft bidden lan.
Wat em to bate is gesand,
Dat mak ick jw jetzund bekant.
Höret to vnd swiget still,
Höret, wat ick singen wil!

3. Herr Hinrick to dem ersten quam,
Ein bütt vol kamerloge nam,
Begot dat kind mit siner hand,
Her Jurg sick ok tom handel fand,
Sprack: Vobis proficiat,
Wol bekame jw dat bad!

4. De hopman schenckde gosewin,
Darby de enten frölick sin,
Ein rekenspenning van em nam
De kindelbeddsche in dem kram
Vor einen gulden. Segget an,
Is he nicht ein kostfrig man?

5. Elias van der jungsten jacht
Twe vosse hadde mitgebracht,
Den toch he af de arge schalk
To sinem besten eren balg,
Gaf dat fleesk vth frigem moth
Lubbken knecht vor wiltprett guth.

6. To seuensoppn dem dudendop
De vaget gaf ein heringskop,

1,1 Mess, Mist — 4,6 kostfri, freigebig — 6,1 dudendop, Hahnrei, Tropf —

Den he to Bremen dur betalt,
Als he de vastenkost gehalt;
Denn id fritt de olde geck
Hering leuer alse speck.

7. Denn Hinrick Striepe ok vorehrt
Ein stuck van einem doden perd
Vnd sprack: Dat is vor vnser twe!
My dunckt, dat eine sy ein see.
Wer id maget edder fruw,
Weth ick nicht by miner truw.

8. Id brachte Hinrick Gnurr heruör
Twolf windworp vndt gaf de kör,
Dat Lubke nemen mocht daruth
De besten soss mit har vnd huth,
Fleesk vnd knaken, wo se wern,
Sine geste to tractern.

9. Des fiskers flith was nicht vorlarn,
He hadd gefangen in dem garn
Ein stumme poggen ane tall,
De he tor koken alltomal
Droch vnd slepde mit der ihl
Wider als ein halue mihl.

10. Koe-Gerd de scholde sniden stro
— — — — — — —
Tor füring na der Freesen wis,
Drup sede Ties kock de gris,
Hir wil sin dat kakent dür,
Als de kost so is dat für.

11. Cort kock mit sinem kützken klen
Loep in den tundorn gar alleen
Vnd hadde sines vanges acht,
Vor krametsvögel rauen bracht
Vth der wise groth vnd vett,
Halp se steken an dat spett.

8,2 windworp, Maulwurf — 9,3 tale, Sprache — 11,1 kützken, Tragkorb (Kötze) — 11,2 tundorn, Zaundorn habe ich für das hsl. Sundern eingesetzt.

12. De kokenjung an sinem ordt
Brath in der schellen einen vort;
Bernd Sluter, den gy alle kend,
Tom besten gaf ein quart couent,
Schimlich broth, dat blaw vnd bunt,
Freten wold noch katt noch hundt.

13. De Moller sloch nicht slim darby,
He gaf dem kind to muhs vnd bry
Vull wörmemehl ein budelken;
Ein slef vnd ein kleen lepelken,
Dat tom kindelmus gehört,
Hinrick Portener verehrt.

14. Hans Jurg vnd klene Jurg im stall
Bedachten sick in glikem fal,
Vor nöte, appel vnd vor beern
Verehrden se knecht Lubken gern,
Wat den perden vngetellt
Achter vndr dem swantz entfellt.

15. De vorwercksjunge bracht vorwar
Ein korf vol schapeskötel dar
Vor zuckerbonen soth vnd witt,
De he gesamlet tom banckitt
Achtr den schapen klen vnd groth
In sin olden stroern hoth.

16. Van knechten Herman was de lest,
De hier nicht allto lang gewest,
De gaf der kindelbeddschen olt
Ein guden schepel sand vor solt.
Ane solt, he wislick sprack,
Heft de spise nenen smack.

17. Id schickde sin presentz darher
De olde Ties Prouener,

12,4 covent, Dünnbier — 13,4 slef, Löffel — 17,2 provener, Pfründner.

Ein haken vnd ein bersemseel,
Der he des jars kan maken veel,
Sine Kinder to ernern,
De hier lopen na vnd fern.

18. De hoptfruw moth ahn er beger
Ok mede an ditt kindelbeer,
Se schickde einen olden rock
Dem kind to einem windeldok,
Bast to enem windelband,
Dat se achtr der kisten vand.

19. De meiersche sick wol bedacht,
Vor söte melck dem kinde bracht
Ein gantzen emmer swinedranck,
Sprack: Lubke, weer dat kind jo kranck,
Lat id liden keine noth,
Dat id balde werde groth!

20. De Schult vnd Wilken denden gern
To diske fruwen vnd den herrn.
Twe junge megde hubsch vnd fin
De schenckden inn den gosewin,
Alke Talke heten se,
Hebben beide witte kne.

21. Id quam gedachte vorwerckajung
Vnd brachte mit sick eine bung.
He bungde Lubken de gantz fro
Mes-Gerken Greten jummer tho[?],
Dar he nu by schulen mach
Sines willens nacht vnd dach.

22. Also heft Lubke ahn beswer
Dutmal geholden kindelbeer.
Wenn nu de jartid vmme is,
So geit id wedder an gewiss;
Dann so sing ein ander man,
Wo id dar sy togegan.

17,8 bersemseel, Pirschseil — 22,2 bunge, Trommel.

Verfasst von dem Hessen Georg Niege, geb. 1525 zu Allendorf, später Sekretär und Zollbeamter in Bremen, Buxtehude und Stade. Über seine im Berliner Mscr. germ. quart 864 enthaltenen Gedichte, von denen Birlinger und Crecelius (Deutsche Lieder 1876) ein paar veröffentlicht haben, denke ich einmal ausführlicher zu berichten. Das vorstehende Dialektgedicht, in dem ich eine zu unsaubre Strophe hinter Str. 19 unterdrückt habe, steht unter den 'Groben Possen' im 5. Bande, Bl. 87b — 91b mit Melodie und ist um 1585 niedergeschrieben, wenn auch vielleicht früher abgefasst.

27. Die Altenburger Baurenkirms.

1. Auf, ihr Bursche, sitt vull Freda,
Tantzt und springt, su gut ihrs kunt!
Spelmon, spon du deine Saita,
Dass es klingt fein contrabund!
Fedelt fein behenga,
Dass wir kun gesprenga!
Gevotter Honss, streich du m Tenure,
Dass es klingt wie uf dem Chure!

2. Schmeret eure Fiedelbugan,
Dass die Geigen wadlich schrein;
Wenn die Saiten aufgezugan,
Fedelt dick und dünne drein.
Fedelt fein bumahla,
Last an gar nischt fehla,
Fedelt druf, dass alles krachet,
Wenn ihr uns den Rumpuff machet!

3. Nu, ihr angern Mitconsorten,
Tantz und springt die Reihe nach,
Schreyt nicht wie die Rammelochssen,
Macht es fein, wie ich es mach.
Trum trum trum trum trara,

1,4 contrabund, kunterbunt — 2,5 bumahla, gemächlich, langsam; poln. pomalu — 2,8 Rumpuff, offenbar ein Tanz —

      Wir kin zu leuth gewahre,
      Und kin a Wein und Bier getrencka
      Und a unsern Maden geschencka.

4.   Dass ist unser Buarleba,
      Wen wir in die Schencka gin
      Und kin stets in Freda schwebe,
      Wen wir bey den Madle stin.
      Wir leben ohne Sorga,
      Der Wirth der muss wuhl burge;
      Drum so lebe wir in Freda
      Und sind lustig mit unsern Mäda.

5.   Wenn die Kirmiss komt herbey,
      Assen wir gute Bissle,
      Da komt Hans und Grieth hinein,
      Spielen um die Nüssle.
      Der Spilman spilt den Tutelsack,
      Wir fressen und sauffen den gantzen Tag:
      Fallalarira, fallalarara
      Wir kin zu leuth gewahra.

6.   Han wirs nu recht getriba
      Und geschwärmt die ganze Nacht,
      Dass kein Geld in Bittel bleba,
      Weren wir duch hochgeacht:
      Gein wir zu Biern,
      Darfs uns niemand wiera;
      Drum so leben wir in Freden
      Und sind lustig mit unsern Mäden.

             Lamento.
7.   Wenn die Kirms ist vorbey,
      Suchn wirs hingern Ohra,
      Kriegen den Treschflegel in die Hand,
      Waren weder geschura,
      Assen Steifmatz, Kass und Brod
      Und han wieder unsra Noth

7,5 Steifmatz, geronnene Milch.

Warn weder ufs neu geschura:
Ach du liebe Dura Dura!

Lamentabile.
8. A Buarsmoan, a ormar Moan, o wia!
Dar nichts als su vil soga kan: o wia!
A wird geschura hie und do,
Man druht ihn offt das Hundsloch oan, o wia!

Allegro.
A Buarsmann a provar Moan, juh hia!
Da nichts als su vil soga koan: juh hia!
A frist mit Freda Spack und Kuhl
Und giht ihn aller Dinge wuhl: juh he.

In dem um 1745 zu Altdorf angelegten Liederbuche des Freiherrn A. E. F. von Crailsheim (Berliner Mscr. germ. quart 722) S. 561—564 mit undeutlicher Schrift.

Eine andere kürzere Aufzeichnung aus einem Jenaer Stammbuche v. J. 1711, die Hoffmann von Fallersleben an Radlof mitteilte und dieser 1821 im Mustersaal aller teutschen Mundarten 1, 248 veröffentlichte, enthält die Strophen 1. 2. 3. 6. 4 unsres Textes und eine hier fehlende: 'Traute Griete, du Guldhämmel'.

28a. Ungarisch Heubauernlied.

1. Liebe Deutsche, Beidasch, geh mer
In die Wirthshaus, trink'n ein Emer,
I zohl alles allein aus.
Hob i meine Heu verkaufe,
Will i alles gleich versaufe
Und geh ohne Kreuzer z'Hauss.
Hia Dania, Wetka, Wetka, Wetka, Hutscha,
   Hutschascha.

2. Katschmar uram, bring den Gästen
Von die Weindl ja die besten,
I bin dursti wie a Raz.

1, 1 pajtás, Kamerad (ungar.) — 2, 1 kocsmáros uram, Herr Wirt.

Stell auf jeden Tisch a Maas'l,
Ober nimm vom best'n Fassl,
Wo drauf sizt a schwarze Kaz.

3. Erdeck, sileck, trinkt izt, Brüder,
Frieden hob mer, izt kummt wieder
Goldne Zeit ins ungrisch Land.
Zwar wir dürfen nit viel klogen,
Dass uns schlecht wär ganga, sogen,
Hobn Heu, Leut, Geld, Verstand.

4. Iz nimms Glasel mit der Linken,
Fangt auf ungrisch an zu trinken
Gsundheit unserm Vater Franz!
Und so wünschen wir beim Schmausse
Oestreichs hohem Fürstenhausse
Allzeit grünen Lorbeerkranz.
Hia Dania, Wetka, Wetka, Wetka, Hutscha,
Hutschatscha!

Neue | Gesellschafts-Lieder. || 1. Lebe wohl, vergiss mein nicht. | 2. Wohin sind die Stunden. | 3. Ungarisch Heubauernlied. Liebe Deutsche bei- | dasch geh mer etc. | 4. Wenn ich werd mein Heu verkaufen. | 2 Bl. 8° o. J. u. O. [um 1820]. — Berlin Yd 7905, 39.

28b. Ungarisches Tanzlied.

1. Wenn ich werd mei Heu verkaufen,
Werd ich mir ein Räuscherl saufen,
Dann mach ich an Hucka Hietsch,
Und dann tanz ich Ungarisch.
Hia Dania, Wetka, Wetka, Wetka, Hutscha,
Hutschascha!

2. Wann die Russen rück marschiren,
Werd ich auch mein Heu zuführen.
Russen sind doch brave Leut,
Die bezahlen jederzeit.
Hia Dania, Wetka, Wetka, Wetka, Hutscha,
Hutschascha!

Ebenda.

3,1 ördög, Teufel — 3,6 hohn Dr.

29. Der bairische Bauer im Himmel.

1. Ju hai, sä sä, es ist scho khrodu!
I namm mey Aidt kain schön Dugadn,
Das i nit eim Himmel wier;
Da göths freyla andärst hier.
Da i lebte ai der Welt,
Hat mä dis, bald jens gefält.
Wan i scho zum Bier wolt geh,
Sing da Beydl: Nä, lass stöh!

2. Ju hay, sä sä, wans Glickh recht will,
Braucht nit, das aim der Mensch hilfft vill,
Schickht si alles, wies sey soll,
Sey air niechtär oder voll,
Räd von Baurna oder Pfaffen,
Dem hat Gott den Himml pschaffen,
Der mues halt in Himmel ney,
Soll er ä ä Schindä sey.

3. Ju hay, sü sü, das Gott sey Danckh!
Da siz i im Sössel z Haus auf der Banckh,
Da iss i ä Henna haut,
Zaus friss i nix alss Saurskraut.
Z Haus drinkh i aus am hilzänä Napfn,
Da drinkh i aus am guldänä Schapfn.
Bhiet mir Gott mein guldenen Himml,
Gab in nit vmbs Pflägars Schimml.

4. Ju hay, sä sä, mi fraid äi Ding,
Drum warla recht vo Herzn sing:
Das i vo meim bösn Wäy
Do ä mol erledigt sey.
Ob i si fircht zwar kein bissn,
Do wan si das Ding thät wissn,
Wie äs mir ergeht so fey,
Wais, si wolt ä im Himml sey.

5. Ju hay, sä sä, mir ist recht woll,
Recht wies im Himml aim sey soll
Ist mir warla dWeil nit lang,

Nach der Welt kain bissn bang.
Da bin i ä gmachtä Herr,
Hör der Kündär Gschray nit mehr:
'Dattä, Bäppä, schau, i bitt!'
Hät no Tag no Nacht kain Fridt.

6. Ju hay, sä sä, bei sill [?] Tobackh
Da geth als auf die altö Hackh,
Do redt mir koi Mensch nit ey,
Khert der ganze Himml mey;
ZHaus wolt mei verfluchtes Weyb
Disä Guthät meinem Leib
Nit zulassn, biss i ihr
Schier zu Fuessn gfallen schier.

Aus dem Berliner Mscr. germ. oct. 230, einem um 1685 geschriebenen Liederbuche, S. 159—162 mit Melodie. — Diese realistische Ausmalung der Himmelsfreuden steht mit den bei Mittler Nr. 1321—1325 zusammengestellten neueren Volksliedern in Zusammenhang. Ein in Nicolais Almanach 2, Nr. 19 benutztes fl. Blatt hat Ellinger nachgewiesen; Erk, Volkslieder 2, 3, Nr. 9 (1842) erinnert mit Recht an Marcellin Sturms 'Bairischen Himmel': Nach Kreuz und ausgestandnem Leiden (nach M. Cochem). Peter, Volkstüml. aus Österreich-Schlesien 1, 334.

30. Der Schultheiss von St. Pölten.

1. Die bauren von sant Bildten
Woltten zur hochzeit gahn,
Ja gahn, ja gahn:
Die bauren giengen voren ann,
Der schulthess hinden nach,
Der schultheiss hinden nach,
Ja nach, ia nach.

2. Sie hedten alle hüedte auff,
Allein der schultheiss nit,
Ja nicht, ja nit;
Er hedt ein aldten strohuedt,
Im sommer vor die sonne gut,

        Kein boden het er nit,
        Ja nit, [ja nit].

3.   Sie hedten alle mendtel an,
        Allein der schultheiss nit,
        Ja nit, ja nit;
        Er hedt ein aldten mutzen,
        Der war gar sehr beschmutzet,
        Kein ermel het er nit,
        Ja nit, ja nit.

4.   Sie hedten alle pferde,
        Allein der schultheiss nit,
        Ja nit, ja nit;
        Er hedt ein aldten esel,
        Er macht ein gross gebössel,
        Kein augen hedt er nit,
        Ja nit, [ja nit].

5.   Sie hedten alle stiefel an,
        Allein der schultheiss nit,
        Ja nit, ja nit;
        Er hedt ein alt bar schuch an,
        Damit wolt er in d kirchen gahn,
        Kein sohlen hedten sie nicht,
        Ja nit, ja nit.

6.   Sie fiengen an zu rennen,
        Allein der schultheiss nit,
        Ja nit, ja nit;
        Er hett ein aldten spohren,
        Das rad het er verlohren,
        Er gab dem esel ein stich,
        Ja stich, ja stich.

7.   Vnnd da sie zu der hochzeit kamen,
        Wol zu dem hauss hienein,
        Ja nein, ja [nein],
        Sie wurden nit wol empfangen,

3,4 mutzen, Jacke — 4,5 gebössel, Possen, Narrenwerk.

Dem schultheiss war sehr bange:
Wolt godt, ich wer daheim,
Ja daheim, ja daheim!

8. Sie hedten alle streüss auff,
Allein der schultheiss nit,
Ja nit, ja nit;
Er setzt sich auff ein steine
Vnnd hedt viel lieber geweinet,
Das ihm so vbel gieng,
Ja gieng, ja gieng.

9. Sie tradten alle herrausser
Wol zu der kirchen zu,
Ja zu, ja zu.
Der schultheiss plieb dahinden,
Dan er kund keinen finden,
Alleinig must er gahn,
Ja gahn, ja gahn.

10. Vnnd da sie von der kirchen kamen,
Trattens zum wirtshauss nein,
Ja nein, ja nein;
Sie satzten sich zu tische,
Der schultheiss schupt die fische,
War ihm ein schwere pein,
Ja pein, ja pein.

11. Sie fieugen an zu betten,
Allein der schultheiss nit,
Ja nit, ja nit.
Sie betten das vatter vnser,
Dem schulthsen war geschwunden,
Das macht, er kont es nit,
Ja nit, ja nit.

12. Sie hetten alle messer,
Allein der schultheiss nit,
Ja nit, ja nit.
Er hatte ein altten degen,

    Der ist gar lang gelegen,
    Der hette kein scheide nit,
    Ja nit, ja nit.

13. Sie fiengen an zu essen,
    Allein der schultheiss nit,
    Ja nit, ja nit;
    Er hedt wol geren gessen,
    Er hat wedr brodt noch messer,
    Darzu kein leffel nit,
    Ja nit, ja nit.

14. Sie fiengen an zu trincken,
    Allein der schultheiss nit,
    Ja nit, ja nit;
    Er hedt ein altte fleschen,
    Kein geltt auch in der teschen,
    Darzu kein pfenig nit,
    Ja nit, ja nit.

15. Sie fiengen an zu singen
    Allein der schultheiss nit,
    Ja nit, ja nit:
    Sie sungen all den glauben,
    Der schultheiss wurd schier taube,
    Das macht, er kundt ihn nit,
    Ja nit, ja nit.

16. Vnd da sie sollten die irtten zahlen
    Ein ieder iha fur sich,
    Ia sich, ia sich,
    Der schultheiss dacht im sinne:
    Wie wiltu das beginnen,
    Dein mutzen pleibt im stich,
    Ja im stich, ja im stich.

17. Sie tratten alle herrausser
    Wol zu dem tantze zu,
    Ja zu, ja zu,

16,1 ürte, Zeche —

Der schultheiss plieb dahinden,
Dann er kundt kein mehr finden
Vnd durffte nit herfür,
Ja herfür, ja herfür.

18. Er setzt sich auff sein esel
Vnnd riedt nach hemer zu,
Ja zu, ja zu;
Der esel wolt sich eilen,
Er het des wegs drey meilen,
Fiel mit ihm in ein grub,
Ja die grub, ja in die grub.

19. Er lag vnder dem thiere
Ja wol ein halbe stundt,
Ja stundt, ja stundt;
Im sinn so dacht er schiere,
Hedt er ein gudten trunck biere,
Das wer ihm gar gesundt,
Ja gesundt, ja gesundt.

20. Wer ist, der vns diss liedlein sang,
Gar wol gesungen hat,
Ja hat, ja hat?
Das hat gethan der schultheiss fein,
Er reitt vff seinem eselein
Gar fein allgemach heim,
Ja heim, ja heim.

Aus einer früher im Besitze der Brüder Grimm befindlichen, dann von diesen an Meusebach geschenkten Sammelhandschrift des 16.—17. Jahrhunderts, jetzt Berliner Mscr. germ. fol. 754, Bl. 81a. Die Aufschrift auf Bl. 82b lautet: 'Ein Schön liedt, vonn dem Schultheiss zu [Heimbach durchgestrichen] S: Bildten.' — Bisher war nur eine abweichende elfstrophige Fassung bekannt, die Uhland Nr. 248 nach einer Brieger Hs. des ausgehenden 16. Jahrh. veröffentlicht und Böhme Nr. 296 wiederholt hat. In Ludw. Iselins Liederbuche (Baseler Hs. F. X. 21, Bl. 72b. Bartsch, Beiträge zur Quellenkunde der ad. Litt. S. 308) steht ein Lied: ‚Der Pfarrer von S. Velten' und in desselben Lautenbuch (Basel F. IX. 23) Bl. 20b der Tanz: 'Die Meidlein von Blofelden.' — Zur

Melodie bei Böhme vgl. die Fragmente bei Eitner, Das deutsche Lied 2, 248. 275 und Joh. Moller, Quodlibet 1610. — Spottreime auf den Schult von Bülau bei Wegner, Volkstüml. Lieder aus Norddeutschland 1, 85 (1879). Spottgeschichten von Schultheissen und Bürgermeistern bei Kirchhof, Wendunmut 1, 144—169. 'Den Bürgermeister ausgenommen,' Gedicht von Andreas Wilke († 1814).

31. Das Vilgratter Lied.

1. An ainem Pfincztag erhub sich ain Grollen,
Villgrattner Paurn warn all geschwolen,
Sy loffen zusamen in ainer Stundt
Vnd schwuern gemainiglichen ainen Pundt.
Sy lue!

2. Die auss der vodern vnd hynndtern Khrynnen,
Die Kaltstainer luesen sich auch da finden,
Es war da khain Rue zu Perg vnd Thal;
Sy rumpelten, das im Pergen erhal.

3. Ein Musterplacz war fürgenumen,
Ain jöglicher der soll geen Pruggen khumen
Mit seiner Wör vnd Russtung guet,
Mit Pannczer-Plöch, Hänndtschich vnd Sturmbhuet.

4. Der Perckhman war der erst geen Pruggen,
Ain Armprust drueg er auf seinen Ruggen,
Vnd wan er den Pogen röckhet recht,
Da war er vil lenger wöder der Khnecht.

5. Pahasam aus Kaltstain het sich versëchen,
Ich hab khain Bössern da gesëchen:
Am Sturmbhuet trueg er sy so hart,
Vor ainem Placzrëgen war er verwartt.

6. Daraus sach er so grausam schiech,
Die Khölber thöten vor im fliechen;
Ehr glicznet gleich wie ain Schafzan,
Er war so gar ain gämelich Man.

1,5 Der in jeder Strophe wiederkehrende Refrain Sy lue ist mir unverständlich. — 6,4 gämelich, mutwillig, spasshaft.

7. Des Lannczers Sun thöt einher pranngen,
   Er trueg ain Spiess, ain lannge Stanngen;
   Das Eissen war im gefallen darab,
   Da[s] namb ehr erst zu Syllien war.

8. Mossbännsl war ins Holz geganngen,
   Zu hackhen Spiess vnd Hopffenstanngen;
   Dem khamb die Potschafft in ainer Eyl,
   Gehorsam zu sein bey Driess vnd Peyl.

9. Der Zenncz gedacht im in seinem Muett,
   Ain Khornsackh der wär guet,
   Vnd wann es etwan darzue khäm,
   Das ainer dem anndern das seinig nümb.

10. Der Schmidt Hofer bey der ynner Kirchen,
    Der trueg ain Spiesss aus ainer Pirchen,
    Der war zuegespiczt gleicht wie ain Khopff.
    Den laindt er auf die Axl zu dem Khropff.

11. Schmidt Jägls Sun trueg vnndter seiner Yexen
    Ain lannge khrumpe rostige Pixen,
    Die war gehanngen in dem Räch
    Seider des alten Lürggen geschray.

12. Wie geren hët es derselbig geschossen!
    So hët er khainer Khugl nit gossen,
    Er hët auch wëder Pulfer noch Pley:
    Secht, ob er nit wol geristet sey.

13. Dem Pranntner im inndern Filgratten
    Dem selben war ain Beyt [geraten]:
    Er hët ains Pfaffen Rockh erschnapt,
    Den hët er in der Dafern gehabt.

14. Fruntaller der war auch geschriben,
    Er hat beim Schertter in die Stuben gespiben;
    Vnd wie er sich hielt wol hinter dem Tisch,
    Er spib gross Prockhen vnd drinner Pratwirst.

11,1 Üexen, Achselhöhle — 13,4 Dafern, Taverne.

15. Der Aicher der wolt nit Hunger leiden,
    Er gienng hin zu des Aichofers Weyben,
    Er luess im pringen Wein vnd Brott
    Vnd anndere Sach, die im thöt noth.

16. Des Gusters muess ich auch gedennckhen,
    Sein Titl zum aim newen Jar auch schenckhen·
    Wie wol er ain freyer Kriegssman ist,
    Mit Zanngen vnd Hämern war er wol gerüst.

17. Der Khayser-Pach kham daher bezeiten,
    Der Duracher trollt sich vber die Leitten,
    Der annder saumbet sich nit lanng,
    Der Jägl der war nit faul im Ganng.

18. Der Dolman wolt auch sein im Spil,
    Er sach der Nachpaurn alsouil,
    Dauon er sich nit ziechen wolt;
    Er traut im auch zuuerdienen ain Solt.

19. Der Wurtzer kham geschnaufft in Eil,
    Ain Gayssfuess war sein Pflitschen-Pfeil,
    Zu arwaytten war im allso gäch,
    Da fuel er des Teüfls Nam in den Pach.

20. Der Walter wolt auch sein der böst
    Vnd der Weilhamer nit der löst,
    Der Per mit seiner Hellepart,
    Der Mostman trueg sich am Harnisch so hart.

21. Da sy zusamen warn khumben,
    Da hötten sy wöder Pfeiffen noch Drumen,
    Khain Fenndl khundens nit bekhumen,
    Sy hietens dann aus der Kyrchen genumen.

22. Der Lärma gienng daher mit Schal:
    'Wolauf, ir lieben Nachpawrn all,

16,1 **Guster**, Küster — 17,2 **Leiten**, Bergabhang — 19,2 **Gaissfuess**, ein vorn gespaltenes Brecheisen — **Pflitsche**, Pfeil.

Mir wëllen ziechen auf Syllien zue
Vnd wöllen in lassen wenig Rue.'

23. Der Arner war der wytzigist Man:
'Ir lieben Nachpawrn, bleibt dahaim.
Ir richtet nicht auss, es thuet khain guet,
Darumben verpfenndt ich euch als mein Guet.'

24. Die Paurn hueben an zu schenten,
Ob er sy vermainet abzuwendtn:
'Zeucht er zu vnns in disen Ring,
So gëb im halt ainer ain Schwinderling!'

25. Der Arner dacht im in seinen Syn:
Schlëcht mich ainer, ich wierss wol innen.
Er packht sy wëckh vnd gieng von innen
Hin haimb vnd schaut zu seinen Ding.

26. Sy zogen von Bruggen wol auf die Rast
Wol von der Fassnacht biss auf Mitfast.
Da machten sy ir Schlachtordnung gancz,
Ain jedlicher dacht an allen Finnancz.

27. Die lannge spiczige Eissen hötten,
Die soll[t]en vorn am Spicz antröten,
Die kholbeten Spiess wol ein die Mitten,
Da wurdens am wenigisten nidergeritten.

28. Die Hellepartten zu der Seytten,
Die solten sich alle wol bereitten,
Die Bixenschiczen hindten nach.
Also war ir Schlachtordnung gemacht.

29. Da machten sy ain Rädl stolcz,
Etliche druegen Schuech von Holcz,
Ain Thail die sach man parfuess gan,
No schryen sy all: 'Nur dran!

24,4 Schwinderling, Ohrfeige, die Schwindel verursacht [?]
— 28,4 Am untern Rande steht: 'Es waren vil der schaf, aber
wenig Pöckh.' — 29,1 Rödel, Register, Liste.

30. 'Nun secht nur zu, ir lieben Nachpaurn,
Wie spotten sy vnnser dortt auf der Maurn!
Wir wöllen ziehen auf Pnnczendorf zue
Vnd wöllen in lassen gar khain Rue.'

31. Der Hauffen kham geen Syllieu zogen
Mit Spiessen, Stangen vnd hiernen Pogeu.
Sy gaben niemants khain guetten Beschnit,
Vnd das ist war wol auf mein Ayt.

32. Ich muess euch noch ains bass berichten:
Ich thöt den Dross auch wol besichten,
Der hët sich in verborgner Huet,
Wie man daun zu sollichen Dingen thuet.

33. Da ritt ainer füran als gefär,
Ehr fragt, von wannen das Khriegssuolckh wär,
Da wüst im khainer khain Anntwurdt zu sagen,
Ain yeglicher röckhet auf sein Kragen.

34. Es sach ainer den anndern an,
Die Nasen die drof in auf den Plan,
Da war offt maniger fraidiger Man
So gar verzagt vnd vnndterthan.

35. Es ist ain grosses Glückh gewesen,
Das es geschach vor dem Ruebenlësen;
Den Lärma liessen sy sy gleich farn,
Es warn bey 12. vnd 20. erfrorn.

36. Der Abschidt war khurczlichen beschlossen,
Sie hëtten ain dotten Rappen erschossen,
Ain jeder solt ziechen haimb behent:
Allso hat dises Lied ain Enndt.
Sy lue.

34, 3 fraidig, trotzig, prahlerisch — 34, 4 underthan, unterthänig — 35, 4 12. vnd 20., wohl Ausdruck für eine unmögliche Zahl wie Elfundzwanzig (Niederdeutsches Jahrb. 12, 134) oder Elfunddreissig (Wander, Sprichwörterlexicon 1, 807. 5, 1228). — 36, 2 Rappe, Rabe.

Aus dem 1569 angelegten Liederbuche Georgs von Helmstorff des Jüngeren (Berliner Ms. germ. quart 402), Teil 3, Bl. 35a bis 39a. — Die diesem Tiroler Spottliede zugrunde liegende Begebenheit, ein misslungener Kriegszug der Villgrattener Bauern wider das Städtchen Sillian im Pusterthale (oberhalb von Lienz) ist, wie mir I. E. Wackernell in Innsbruck freundlich mitteilt, sonst nicht bekannt. Unweit von Sillian bei Panzendorf (Str. 30, 3) geht vom Pusterthal das Villgrattener Thal rechtwinklig nach Norden aufwärts; hinter dem Dorf Ausser-Villgratten teilt es sich in das nö. führende Winkelthal mit den Brugger Wiesen (3, 2; 26, 1) und in das uw. sich hinziehende Thal, in dem Inner-Villgratten (13, 1) und Kalkstein (2, 2 und 5, 1 Kaltstein genannt) liegen.

32. Der bairische Bauer.
(1632)

Soldat.
1. Gott grüss dich, lieber bayrischer Bauer,
Mich dünckt, du sehest zimblich sauer,
Ich hab dich offt wol lustig gesehen;
Lieber Bauer, was ist dir hie geschehen?

Bauer.
2. Was solt mir nur geschehen seyn?
Der Schwed der macht mir Angst vnd Pein,
Er hat mir mein Hansen erschossen.
Ey, ey, er macht gar grobe Bossen.

Soldat.
3. Mein Bauer, was sagt dazu dein Fürst?
Ist er doch sonsten auch gar frisch
Vnd schreibt sich einen Rittersmann,
Der Land vnd Leut bezwingen kan.

Bauer.
4. Vor disem war mein Fürst wol reich,
Ich hab gemeynt, er sey Gott gleich,
So seh ich wol in diser Not,
Der Schwed ist jetzt der nechst nach Gott.

Soldat.
5. Mein lieber Baur, merck in der Summ,
Der Schwed ist ein Herr mächtig vnd fromm,
All Tag dreymal mit seinem Heer
Rufft er zu Gott, das ist sein Wehr.

Bauer.
6. Wann es nur an den Beten leit,
So hat mein Fürst noch gute Zeit,
Er hat der schwartzen Buben viel,
Die beten, was er haben will.

Soldat.
7. Mein Baur, es ligt nicht an den Pfaffen,
Darzu nit an den Kloster-Affen;
Du vnd dein Fürst must selber beten,
Wann jhr wolt kommen auss den Nöthen.

Bauer.
8. Ja wann ich erst viel beten soll,
So wird es sich nicht schicken wol,
Ich bin fürwar ein alter Mann,
Das Beten ich nicht lernen kan.

Soldat.
9. Mein Bayer, sag mir die recht Warheit,
Wie betestu vmb Essenszeit
Oder wann du wilt schlaffen gehn,
Dessgleichen, wann du wilt auffstehn?

Bauer.
10. Es ist in meinem Dorff der Sitt,
Dass man zu der Zeit betet nit;
Mein Pfaff muss solches für mich thun,
Dieweil er hat sein Geld darvon.

Soldat.
11. Nein, grober Bayer, verzeih dirs Gott,
Wo nimbst du dann dein täglich Brodt,
Oder wer gibt dir Tranck vnd Speiss?
Ich bitt dich, sag mirs gleicher Weiss.

Bauer.

12. Darumb so muss ich ackern vnd egen,
Vnd halter guten Fleiss anlegen,
Dann durch mein saure Arbeit schwer
Da komt nur halt das Essen her.

Soldat.

13. Du grober Bayr, drumb strafft dich Gott,
Dass du must leiden diese Noth,
Weil du jhm nicht wilt danckbar seyn,
So schickt er dir die Straff herein.

Bauer.

14. Botz tausend, das ist schon nicht war,
Gott hab ich nie gesehen dar,
Der Schwed ist hie gefallen ein
Vnd mir genommen hat das mein.

Soldat.

15. Nein Bayr, so versteh mich das mal recht,
Der Schwed ist vnsers HErrn Gotts Knecht.
Gott hat jhn her gesand zu dir,
Das solt du gäntzlich glauben mir.

Bauer.

16. Hat er jhn auch geschafft allein,
Dass er mir schlag die Fenster ein
Vnnd reiss hernach das Bley herauss,
Wider vns geust Kugeln drauss.

Soldat.

17. Ja freylich wol, mein lieber Bayer,
Gänss, Enden, Hüner, Schmaltz vnd Eyer,
Ross, Kälber, Küh, darzu die Schwein,
Das alles muss jetzt schwedisch seyn.

Bauer.

18. So wolt ich halt mit Warheit sag,
Vnd dass ich hett all mein Lebtag
Den Schweden gantz gesehen nie,
Wolt auch, sie weren nimmer hie.

Soldat.
19. Du grober Bayr, verzeyh dirs Gott,
Wo wiltu hin nach deinem Todt?
Wilt du dann nicht in Himmel nein,
Wo andere Engel werden seyn?

Bauer.
20. Was wolt ich in den Himmel thun,
Weil mirs thut hie so übel gan?
Der Schwed ist fürwar nicht mein Gesell,
Komm ich nun gleich hin, wo ich wöll.

Soldat.
21. Troll dich von mir, du grober Bayer,
Du vnverschambter alter Bauer,
Oder ich haw dich auff dein Kopff,
Du falscher vnglaubiger Tropff. —

22. Also sie von einander bald
Giengen gantz vnfreundlicher Gestalt,
Darbey kan ein Christ wol verstan,
Was vor ein Glauben der Bayr thut han.

23. Also bete, mein lieber Christ;
Der Krieg ein Straff der Sünden ist.
Wer bitten kan, der ruff zu Gott,
So hilfft er vns auss dieser Noth.

24. Also hat dieses Lied ein End:
Gott alles hie zum besten wend
Vnd geb vns nach der schweren Zeit
Die ewige Freud vnd Seligkeit.

Drey Aussbün- | dige schöne neue Lieder. Das Erste, | Gott grüss dich lieber Bayri- | scher Bauer, etc. | Das Ander, | Traurig bin ich, Trauren kräncket | mich, Trauren etc. | Das Dritte, | Warumb sollen wir denn trauren, etc. | □ | Gedruckt im Jahr 1635 [?] | 4 Bl. 8°. — Berlin Ye 1501. Die Jahreszahl ist durch Beschneiden undeutlich geworden; vielleicht ist 1633 zu lesen, denn Str. 5,2 weist offenbar noch auf den lebenden Gustav Adolf und das Jahr 1632 hin. — Ein anderer Druck o. J., Berlin Ye 1749 [vgl. oben Nr. 9], enthält nur neun Strophen,

nämlich 1. 2. 5. 6. 11. 12. 16. 17. der vorstehenden Fassung,
mehrfach abweichend, und als Schluss:
>Mein lieber Bawr, versteh mich recht,
>Du must jetzt seyn der Schweden Knecht.
>Gute Nacht, jhr Münche in Rücheln vnd Kappen
>Sie lernen mich tantzen die Finnen und Lappen.

Anhang.

I. Der Bawrn Lob.

[Bl. 23a] Schweygt vnd nempt in ewr synn,
Der warhayt wil ich pegynn:
Got hat peschaffen manchen schleht,
Herrn, graffen, ritter vnd kneht
5 Vnd münch vnd nunnen
Vnd vil wunderss vnter der sunnen
Von leyen vnd von pfaffen,
Vnter den hat got kains geschaffen,
Daz da reht edel sei.
10 Ir schult gern hörn hiepey:
Got peschuff den edeln ackerman,
Bessers freuntz ich nye gewan;
Der hat mir vater vnd muter ernert,
Got hat yn der werlt peschert.
15   Ich wil loben den edeln frumen pawr,
Wann warumb? Es wirt ym offt sawr,
Wenn er mit seinem pflug fert,
Damit er alle werlt ernert,
Herrn, burgern vnd hantwerkman,
20 [23b] Wer der bawr nit, so musstens offt trawrig stan.
Mancher ist den bawrn gram,
Der da nye bessers freuntz gewan
On got newr allain,
Den schuln wir mit dem ersten mayn.

---

24 mainen, lieben.

25 Man sagt von der herrn leben;
Es ist gut, weil dy pawrn haben zu geben
Bayde waicz vnd auch korn,
Damit stillet man der herrn zorn,
Bayde zinss vnd auch pet.
30 Dy herrn haben gut geret,
Gurtel, halsspant vnd gut gewant.
Wer der pawr nicht pekant,
Sy müssten tragen kytel an
Als ain ander armer man.
35 Got grüss dich, du edler ackerman!
Wann dein nyemant enpern kan.
Wol vns deiner lieben guft!
[24a] Der vogel in dem luft,
Der wurm in der erden,
40 Das muss als von dir gespeisst werden.
Was scholten wir arm lewt gethw,
Fürten vns dy bawrn nit zu
Habern, korn vnd ander dink mer?
Wir müsten anderst offt vngessen sten
45 Vnd wir müssten hunger vnd kumer tragen,
Das wer vns ain jeme[r]lichs clagen.
Wie scholt der pfaff dy mess volenden,
Stiess ym der bawr nit in dy hende
Pfenning vnd pfennings wert?
50 Sein mut stetigklich des pegert.
Wie solten sie predigen vnd singen,
Thete n[it] des pawrn flegel clingen?
Der hat so gar ainen süssen clank,
Ich hör sie für der nachtigal gesank.
55 Ich lob dich, du edler bawr,
Für alle creatawr,
[24b] Für all herrn auf erden;
Der kayser muss dir gleych werden.
Dir scholt nymer geschehen kain layt,
60 Das sprich ich auff meinen ayt.
Thestu [?], so müst mancher in sorgen allden.

---
29 pet, Abgabe — 37 guft, laute Freude, Herrlichkeit —
61 thestu, l. etwa thetestu nit, wie oben Nr. 1, Str. 12, 7.

Got müss der pawrn walden
Vnd stetigklich hallten in seiner hut
Vnd ym verleyhen ain ende gut.
65 Wenn ich zu den bawrn kum,
Das ist mein guter frum,
Wenn ich am hunger gan
Vnd nicht zu essen han,
So gibt er mir ainen ranft;
70 Das thut mir also sanft
Vnd machet mich hohes mutes,
Ich wünsch ym alles gutes,
Der mir den mut erfrewen kan,
Den wil ich legen vil lobes an.
75 O dw edler pawr, das dich got thu ern!
Werstu nicht, wie solt ich mich ernern!
[87a] Manch man auf erden ist,
Der von den bawrn ain herr ist:
Bayde pischoff vnd pobst,
80 Bayde abt vnd probst,
Leyen, thumherrn vnd pfaffen:
Got hat vns den bawrn peschaffen.
Kumen arm lewt gegangen,
Vom bawrn werden sie schön empfangen.
85 Er taylt yn mit seins protes,
Flaysch vnd korn vnd seins gutes
Vnd machet mich auch offt fro:
Got geb ym den himel hoh!
Man sagt vns von des meyen zeyt;
90 All vnser trost an den bawrn leyt,
Der bawrn möhten wir wol geniessen,
Wenn sie dy herrn mit frid liessen.
Es sey katz oder sey hunt,
Er machtt sie vom hunger gesunt;
95 Es sey schoff, kw oder schwein,
Das man ysset für das hüngerlein,
[87b] Alles, des sie schülln geleben,
Das muss dir got vnd der pawr geben.
Mich thut offt sër wundern,
100 Warumb sich dy hern vnd dy pawren sundern

Vnd leben doch von im wol
Vnd müssen sie oft machen vol
Mit yrem sawrn schwaysse.
Man müst manchen herrn hayssen:
105 Scholt es sein vnd wer wol reht,
Er wer kawm ains pawrn kneht.
Dy werlt hat mancherley geprechen,
Das mag ich mit der wahrhayt sprechen:
Einer der ist frosstig,
110 Einer der ist dorstig,
Der dritt mag hungrig sein,
Das ist dem bawch ain swere pein,
Der vierd hat pöse clayder,
Das trifft an vil lewt layder,
115 Der fünft hat des geltz nicht:
[38a] Es ist layder vil, des vns gepricht.
Got geb den bawrn hayl
Vnd werd auch vns vnser tayl!
Wenn sie zu dem markk varn
120 So künne[n]s vns wol pewarn.
Dy frawen kumen mit yn dar
Vnd pringen mancherlay war;
Dasselb wirt yn denn abgekawft
Zu speis nach der werlt lawff,
125 Des man nit enpern mag.
Got geb den bawrn ainen seling tag
Vnd auch vns allen mit ainander! —
Gebt mir trincken, ich wil wandern.

Münchener Cod. germ. 714, Bl. 23a—24b, 37a—38a, beschrieben bei Keller, Fastnachtspiele 3, 1375 und im Catal. cod. Monac. 5, 116 (1866). Da die Handschrift viele Fastnachtsspiele Rosenblüts enthält, mag sie in der 2. Hälfte des 15. Jahrh. in Nürnberg entstanden sein.

II. Der Bawrn Hofart.

[Bl. 227b] Ich hab etwas vernumen,
Die werlt sei auff das höhst kumen
Mit hoffart vnd mit andern sachen,

Doch kan es got wol nider machen.
5 Die allten fursten sein gestorben,
[228 a] Den pawrn hoffart was verdorben
Leicht wol halb oder mër,
Nu gët es wunderlich entwer.
Ich sprich, es ist in dreyssig jorn
10 Rehter pawrn nit vil geporn.
Das ist wol an yrer hoffart scheyn,
Sy wölln all herren sein.
Wo sie awff kirchtag gan,
So tragen sie dick joppen an
15 Von bawmwol vnd von parchant;
Das ist nu worden ain gemains gewant;
Das trugen etwan der herrn kind,
Nu iss schier, das man ainen bawrn nyendert vint.
Sein tochter wöll zwen rock tragen,
20 Die sind waidenlich peschlagen
Bis her vber den ellpogen;
Sie wirt zertlich erzogen,
Sie dünckt sich also vermessen,
Sie trug eim kalb vngern z essen,
25 Spinnenss wil sie auch haben rat,
Das machtt vnser tewr leinwat.
[228 b] Wenn man sie denn awssgeyt,
So hat yr dye muter die zeyt
Getracht vmb schlayer vnd gut gepentt,
30 Die hofart hat weder drum noch entt.
Die zwen [röck?] die sind pawmwollein,
So muss der dritt von seyden sein,
So hat der viert leyht zwainczig vach,
Vnd ye ains als ain rodach
35 Hengt man ir auff das hirn:
Dahin fürt man die pawrndirn.
So kümpt vns denn der prewtigan,

---

8 **entwer**, in die Quere, verkehrt — 9 dieselbe Zeit wird
V. 173 genannt — 20 **beschlahen**, überziehen, einhüllen —
27 **ausgeit**, verheiratet — 30. 94 **drum**, Trumm, Ende — 33
vach, Falte. Surkött, Suckenie, Godehse heisst das Oberkleid
der Frauen. — 34 **rodach**, etwa rorach, Rohrdach, Strohdach?

Der wil vier pfeyffer han:
Der erst plest in ainen sak
40 Vnd reckt ain scheyt vber den nak,
Der ander tregt ainen pumhart,
Kumpt ym der, wie wol ym wart,
Der dritt mit überpfeyffen
Der muss denn für dy andern greiffen.
45 Der vierd mit einer langen schalmey,
Der pfeyfft vns denn ainen trumpendei
So hebt sich denn ain solch porn,
Das manss weit vnd verr muss erhorn.
[229 a] So gedenckt man, es sey ains fürsten gesind.
50 So sind es pawrn vnd yre kind.
Wenn er sie pringt zu seins vaters haws,
So lawffen die narrn all zu praws,
So habens mü mit sieden vnd kochen,
Das wert denn dy gancz wochen.
55 Wenn man sie denn zw kirchen weist,
So hat man die meczen eingepreist
In weyt pfayt vnd in lang röck,
So springen sie denn als die holczpöck.
Die schüchlein wollens tragen mit den schnürn,
60 Darynnen siht man sie herfürn
Nu nach der werlt lawff.
Man seczt yr ein hohe hawben awff
Ains samm ain keskorp,
Das nyemant mag gesehen davor,
65 Wenn man vnsern herren wandelt.
Sie tregt aine porten amm mantel,
Die lewcht vor clarem gold,
Als es einer dienstfrawen sold,
Bayde von sendel vnd von seyden;
70 Das muss wir mit den pawrn leyden,
[229 b] Das wöllens vnter dem mantel tragen

---

41 pumhart, ein Blasinstrument — 46 trumpendei, ein Tanz — 47 poren, burren, brummen — 56 breisen, schnüren — 58 holczpock, grober, unbeholfener Mensch — 65 beim Messopfer — 69 sendel, Zindel, Tafft.

       Vnd zway gesperr an irm kragen
       Wol grösser denn zwen pretstain,
       Die sind verguldet rain.
75 Das kam der werlt zw vngeling,
       Do pawrssun vnd pewrin
       Silber an dem gewant wolten tragen,
       Do ward vns denn gut gelt verslagen.
       So wil der pawr ain prayte gurtel tragen
80 Vnd ain horn an seim kragen.
       Sy sein mit zoten pehangen gar,
       Sy tragen gestuczte har,
       Die pertt habens abgeschniten
       Recht nach der pehemischen siten;
85 So muss der scherer vor ym siczen,
       Er möcht drey stund erschwiczen.
       Der scholt yn denn anders zaffen,
       Denn yn got selber hat peschaffen.
       Baydenthalben pey den wangen
90 Lesst er zway zötlein hangen,
       Die müssen ym wachssen zw aller zeit,
       Das ym das mawl nit schein als weyt.
[230 a] Das thut er vmb sein hofart,
       Die hat weder drum noch ort.
95 Sie geen wyder ainander pogen,
       Als wärens lantherrn und hertzogen,
       Mit hantschuchen vnd mit langen spiessen:
       Sein möcht den tewffel verdriessen.
       Sein har hengt er vber ainen krancz
100 Vnd krumpt sich vasst amm tancz
       Vor der meczen nach der seyten
       Als einer zw tal an einer leyten.
       Ey wie höflich er dann prangt,
       Wenn ym der prey ymm partt hangt!

---

    72 **gesperr**, Spange — 75 **ungeling**, Misslingen, Unglück — 79 **gürtel**, auch 167 als Fem. — 80 Ein Horn erwähnt auch Heselloher oben Nr. 10, Str. 16, 1. — 83. 89 Es scheint der slavische hängende Schnurrbart gemeint zu sein. — 87 **zaffen**, pflegen, putzen — 95 **pogen**, trotzen — 102 **leiten**, Bergabhang.

105 Er hat ainen newen sin troffen,
　　 Im stet das mawl einer spann weit offen,
　　 So werden sie dy drüssel recken
　　 Samm dy zawnstecken,
　　 Ich main dye selben Schlawraffen;
110 So wirt ye einer den andern ankaffen,
　　 Vnd sein geprenck das gefelt ym wol,
　　 Als man an den pawrn sehen schol,
　　 Vnd seins geprengscz des ist vil,
　　 Er grolt als ain kw, dy kelbern wil,
115 Oder ain fraw, diess zwanck hot:
[230 b] Im wer wol ander zucht not.
　　　　 Ich wolt, ich het yn dem land gewalt;
　　 Sie müssten tragen ain andre gestalt,
　　 Ich wolt die bawrn ains weisen,
120 Mit einem scharpffen ribeysen
　　 Wolt ich yn yr pertt schern,
　　 Irer hoffart müsst wol mynder wern,
　　 Sie dürfften zwar nit schermesser kaufen,
　　 Ich wolt ynss pey ainczing aussrawffen;
125 Wann ir grosser vbermut
　　 Ist gar fur nichte gut.
　　　　 Nu gedenckt mancher, ich red awff das,
　　 Ich sey den bawrn gehass;
　　 Das ist nit auff meinen ayd:
130 Mir ist in meim herczen layd,
　　 Das es den bawrn vbel geet
　　 Vnd awff dem veld nit wol steet;
　　 Das verdienen sie mit irer hofart
　　 Vnd ain solchs würd zustort,
135 Vnd das sie der ain tayl vergessen
　　 Vnd dy lewt als vil pey dem wein nit sessen.
[231 a] Wann ich seh gern wider den allten sit,
　　 Wein vnd prot, visch vnd vnsslit,
　　 Das da kainer hart kan vergellten.

---

107 drüssel, Schlund, Hals — 109 Schlauraffe, Müssiggänger, vgl. Pöschel in Pauls und Braunes Beiträgen 5, 416 (1878) — 115 zwank, Stuhlzwang — 124 bei ainzigen, einzeln.

140 Ich muss doch dy hofart schellten,
Wa wir sehen ainen hofman
Vnd ains pawrn sun pey ainander gan:
Sy wern nu schier vnerkant,
Sy tragen all zötlet gewant.
145 Mit gesehenden awgen wer wir plint,
Wir wissen nit, welchs pawrn oder hoflewt sint:
Die schuch mit den langen lappen
Tragen solch ackertrappen.
Sie haben sich nach der hofweis geschickt
150 Vnd habens oben mit weissem leder geflikt.
Die Pehaim prachten vns ainss yns lant,
Das thut mir an meim herczen ant.
Die gugel mit den grossen zipffeln
Lassen zw payden seyten zwschliczen;
155 Des zipffels ist mer dann der gugel,
Darawss so machet er wol ain kugel.
Er stürczt sie oben awf den test
Aynss als ain hünernest.
[231 b] Er henckt sein hawben hinden in den nack
160 Reht samm ain geygensak,
Daz man leppisch wayss [an] ymm spür.
Er kert dem gewant das hinder herfür,
Er maint, er sey seins vngemachs ergeczt,
Wenn er dy knewffel auff dy achsel seczt.
165 Ich wolt, es käm wider an das allt reht,
Das wir sehen ainen pawrnkneht
Nu in einer prayten gürtel gan,
Vnd trüg aynen langen rok an,
Dem der pusen weyt wer:
170 Das dewht mich gute mer,
Vnd des leydners awch geriet,

---

144 Über die beliebten Zatteln an den Ärmeln und der ganzen Kleidung vgl. Jac. Falke, Die deutsche Trachten- und Modenwelt 1, 208. 224 f. (1858) — 148 ackertrapp, Bauerntölpel — 152 ant, Zorn, Kränkung — 153 gugel, Kapuze. J. Falke, Trachten- und Modenwelt 1, 204. 226 — 157 test, Topf, Kopf — 164 knäufel, Knopf, Knoten — 171 leidner will Schmeller in lendner, Hosengürtel ändern — geraten, entbehren.

Vnd trüg ain pruch, die rincken het,
So stünds als vor dreyssig jarn,
Do dy lewt frölich warn.
175 Do was ains dem andern trew;
Nu wirt alle valschayt new
Vnter fraw vnd vnter man,
Als es der Durst pesynnen kan.
Der hat es also geticht
180 Vnd der bawrn hofart awssgericht.

Aus demselben Münchener Cod. germ. 714, Bl. 227—231b.
— Bemerkenswert ist das Eindringen des Luxus und der böhmischen Mode (v. 84. 151) in den Bauernstand, auch die Schilderung der Bauernhochzeit. Aus älterer Zeit wäre über den Kleiderprunk der Bauern ausser Neidhart etwa Seifried Helbling (II, 60. VIII, 861) und der Teichner (Karajan 1855 S. 83), aus späterer Brants Narrenschiff (Kap. 82) herbeizuziehen. A. Schultz, Das höfische Leben[2] 1, 325.

172 rincken, Spange, Agraffe.

III. Verzeichnis von Liedern über den Bauernstand.

A. Lob des Bauernlebens.[1]

(1. *Schweygt vnd nempt in ewr synn.* 128 V. — Anhang Nr. I.)
2. *Ain ritter und ain pauman.* 6 Str. — Uhland, D. Volkslieder Nr. 133 und Schriften 4, 157.
3. *Der walt hat sich belaubet.* 6 Str. — Fichards Frankf. Archiv 3, 280 (1815). Uhland Nr. 134 und Schriften 4, 159.
(4. *Nun wolt ich wissen also gern.* 196 V. — Nach 3 fl. Blättern abgedruckt bei Heller, 6. Bericht d. histor. Vereins zu Bamberg (1843) S. 87, Serapeum 1863, 231 und Jahrb. der Erfurter Akad. N. F. 6, 319 (1870). Vgl. Wendeler, Wagners Archiv 1874, 125.)
5. *Gesang das wil ich heben an.* 5 Str. — Verf. Peter Frey. Fl. Blätter in Berlin Yd 7801,3. 8441. 8444. Frankfurter Liederbuch 1582 Nr. 133. Mittler, D. Volkslieder Nr. 1482.
6. *Ein Sach nehm ich zu Muth.* 14 Str. — Oben Nr. 1.
7. *Nun merckend auff, jhr lieben Freund.* 27 Str. — Oben Nr. 2.
8. *Merket auf, ihr Christenleut.* 5 Str. — Mittler Nr. 1489. Kretzschmer und Zuccalmaglio, D. Volksl. 2, Nr. 301. Schmitz, Sitten und Sagen des Eifler Volkes 1, 146 (1856) hat 17 Str.
9. *Du sehr verachter Bauren-Stand.* 10 Str. — Grimmelshausen, Simplicissimus 1669 Buch 1, Kap. 3. Komponiert von W. H. Riehl, Hausmusik 1855 Nr. 4.
10. *Komm nur, hör, mein Bauersmann.* 13 Str. — Oben Nr. 3.
11. *So freue dich, lieber Bauersmann.* 24 Str. — Oben Nr. 4.
12. *Auf, freu dich, lieber Bauersmann.* 80 Str. — Flieg. Blatt um 1820. Berlin Yd 7912, 35, 1. Eine Fassung von 16 Str. bei Walter, Sammlung deutscher Volkslieder 1841 Nr. 58 und Mittler Nr. 1486.
13. *Ihr frommen Bauern, kommt heran.* 15 Str. — Berlin Yd 7924, 18, 2.
14. *Kommt allzumahl, ihr Christen, herbey.* 14 Str. — Berlin Yd 7909, 48, 4.
15. *[Hürt] Ihr Herren, schweigt ein wenig still.* 8. Str. — Leoprechting, Aus dem Lechrain 1855 S. 262. Schlossar, D. Volksl. aus Steiermark 1881 Nr. 217. Herrmann und Pogatschnigg, D. Volksl. aus Kärnten 2, Nr. 542.
16. *Den Ackermann soll man loben.* 9 Str. — Berlin Yd 7919, 87, 8.

---

[1]) Nicht gesehen habe ich ein von G. Freytag in den Bildern aus der deutschen Vergangenheit citiertes Büchlein: Kurtze Beschreibung der Acker-Leuthe und Ehrenlob. Hof 1701. — Die wenigen in die Bibliographie aufgenommenen Spruchdichtungen sind eingeklammert. Die Bezeichnungen 'Berlin Yd und Ye' beziehen sich auf die Liederdrucke der Königl. Bibliothek, namentlich 25 Sammelbände des 18.—19. Jahrhunderts Yd 7901—7925.

17. *Es lebe der werthe Bauersmann.* 4 Str. — Oben Nr. 5.
18. *Ein Bauer ist ein Ehrenmann.* 4 Str. — Berlin Yd 7904, 17, 8. Becker, Mildheim. Liederbuch 1799 Nr. 371.
19. *Länger kann ich nimmer schweigen.* 17 Str. — Schlossar Nr. 210.
20. *Wy boeren en boerinnen.* 5 Str. — Willems, Oude vlaemsche Liederen Nr. 242. Hoffmann, Nld. Volksl. [2] Nr. 175.
21. *I bin a Baur vnd bins recht geren.* 14 Str. — Oben Nr. 6.
22. *Mein Vatter ist kein Edelmann.* 9 Str. — Abr. a. S. Clara, Judas 3, 29 (1692). Erlach 3, 493. Ditfurth, 110 Lieder 1875 S. 315.
23. *Ech sin nen Burschmann schläit on räit.* 15 Str. — Firmenich, Germaniens Völkerstimmen 1, 417.
24. *Bin ich der lustige Bauer, heiss Kasper mit Namen.* 5 Str. — Schlossar Nr. 213. Leoprechting S. 263. Herrmann und Pogatschnigg 2, Nr. 543. Berlin Yd 7905, 76, 4.
25. *Das Landlebn hat Gott gebn.* 4 Str. — Schlossar Nr. 209. Rosegger und Heuberger, Volkslieder aus Steiermark 1872 S. 1. Werle, Almrausch 1884 S. 279.
26. *Es gibt koa schöners Leben.* 4 Str. — Ditfurth, 110 Lieder S. 320.
27. *Was kann schöner sein.* 6 Str. — Pröhle, Volkslieder und Volksschauspiele Nr. 59.
28. *S Baua sein das ist mein Leibm.* 13 Str. — Süss, Salzburg. Volksl. 1865 S. 57.
29. *Halts mar, ös Buama, das bäurische Lebn.* 4 Str. — Schlossar Nr. 216.
30. *Juche, wie lusti ists nit auf da Bäura.* 8 Str. — Schlossar Nr. 212. Berlin Yd 7910, 30, 2.
31. *I bin halt a Bauer, wia muss is denn macha.* 6 Str. — Schlossar Nr. 214.
32. *Ich bin ein flinker Bauersjung.* 4 Str. — Berlin Yd 7904, 40, 6. 7912, 35, 3.
33. *Fröhlich, fröhlich will ich sein.* 2 Str. — Birlinger, Schwäbische Volksl. 1864 S. 59.
34. *Die Welt ess doch ä narrisch Denk.* 13 Str. — Firmenich 2, 147.
34a. *Wat is et doch förn quaatlik Dink.* 8 Str. — Niederdeutsches Liederbuch 1884 Nr. 24. Benutzt von Voss, Idylle 7: De Winterawend (1775).
35. *Die Buechiberger Bure.* 4 Str. — Tobler 1, 158.
36. *Die Ackerleut sind ehrenwert.* — Hoffmann, Gesellschaftslieder[2] Nr. 339. Scheible, Schaltjahr 4, 86.
37. *Noch dam Weinter su kimmt dar Sommer.* 7 Str. — Meinert, Vl. a. d. Kuhländchen 1817 S. 205. Mittler Nr. 1487.
38. *Hiaz kummt die Frühlingszeit.* 5 Str. — Schlossar Nr. 211.
39. *Ins Feld, ins Feld, ihr Bauersleute.* 6 Str. — Berlin Yd 7911, 45, 5. 7912, 37, 7.
40. *Was braucht man auf dem Bauerndorf?* 13 Str. — Oben Nr. 7 (Anm.)
41. *Üb immer Treu und Redlichkeit.* 8 Str. — Hölty, Vossischer Musenalmanach 1779, 117. Die Melodie stammt aus Mozarts Zauberflöte (1791).

42. *Was wollen wir singen und heben an?* 9 Str. — Pröhle Nr. 70.
Mittler Nr. 463. Firmenich 3, 531. Berlin Yd 7919, 15, 5.
Wackernagel, Kirchenlied 4, Nr. 1553. 5, Nr. 1551.

B. Bauernhoffart.

(43. *Ich hab etwas vernumen.* 180 V. — Oben Anh. II.)
44. *Wa ich yetz in der Welt vmbfar.* 7 Str. — Jörg Schilher im Cod. palat. 109, Blatt 90b. Görres, Meisterlieder 1817 S. 259. Wolff, Histor. Volkslieder 1830 S. 194.
45. *Mir ist gesagt von einem gatten.* 12 Str. — Heselloher. Oben Nr. 11.
46. *Was für eine harte Zeit.* 4 Str. — Ditfurth, 110 Lieder S. 318.
47. *Kein Stand ist zu hoch gestiegen.* 8 Str. — Berlin Yd 7912, 53, 6.
48. *Seidts lustög, all Buabma.* 6 Str. — Süss S. 115.
49. *S Pfeiffn und Geign.* 7 Str. — Süss S. 120.
50. *Ei wie bin i a lustiger Bua.* 6 Str. — Erk, Liederhort Nr. 193. Vgl. Pröhle Nr. 93. Birlinger S. 162. Ditfurth, Fränk. Volksl. 2, Nr. 390—392. Tobler, Schweizerische Volkslieder 1, 156. Tschischka und Schottky, Oesterreichische Volkslieder 1844 S. 22. 24. 26. Meinert S. 91. Nicolai, Almanach 2, Nr. 20. Radlof, Mustersaal 2, 5. Berlin Yd 7918, 16, 5. 7905, 27, 1. 2. 7906, 41, 6. 7909, 37, 2.
50a. *Herzlich muss man doch itzt lachen.* 8 Str. — Berlin Yd 7920, 8, 1.
51. *Mein Herr Maler, will er wohl.* 5 Str. — B. A. Dunker, Schriften 1762 S. 75. Erk, Volksl. 1, 5 Nr. 58. 2, 2 Nr. 50.

C. Bauernklagen.

52. *Ach ich bin wol ein armer Bauer.* 31 Str. — Oben Nr. 8A.
53. *Das Bauernwerck ist nix mehr wert.* 38 Str. — Oben Nr. 8B.
54. *Wem klag ich armer Bauer meine Noth.* 15 Str. — Ditfurth, 110 Lieder S. 237.
55. *Ist es nit ain elendt Licba.* 4 Str. — Alemannia 16,33.
56. *Isch des nit es elengs Leben.* 13 Str. — Wyss, Schweizer Kühreihen 1826 S. 102. Kretzschmer und Zuccalmaglio 2, Nr. 302. Mittler Nr. 1490. Weckerlin, Chansons populaires de l'Alsace 1, 228 (1883). Vgl. Tobler 1, CXXXVI.
57. *Das Bauernlebn thut mich nicht freuen.* 4 Str. — Rosegger und Heuberger S. 9. Schlossar Nr. 219.
58. *Ich kann mirs unmöglich nit denken.* 6 Str. — Schlossar Nr. 218.
59. *Möcht ein das Leben verdriessen.* 7 Str. — Schlossar Nr. 220.
60. *Jetz han i mir schon grod gnu ghaust.* 9 Str. — Schlossar Nr. 221.
61. *Bin a stinknotigs Sumberga Bäual.* 6 Str. — Firmenich 3, 621. Süss S. 50.
62. *Bin a kloan vakeschts Unkberga Bäual.* 10 Str. — Süss S. 51.
63. *Ka Bauer waer i nit bleibe.* 7 Str. — Kretzschmer und Zuccalmaglio 1, Nr. 145. Mittler Nr. 1488, Ditfurth, Fränk. Vl. 2, Nr. 846. Schlossar Nr. 222.

64. *Ka Baua mag i nöt mehr sein.* 16 Str. — Schlossar Nr. 225.
65. *Wer seine Soach will hobe rackt.* 14 Str. — Firmenich 2, 250.
66. *De Bur ist doch en plagete Ma.* — Joh. Merz; vgl. Tobler 1, CXXXVI. 2, 253.
67. *Bhüt mi der liebe Gott vorn Bauernstand.* — Ohrenvergnügendes Tafelconfect 1737 2, 6 — Lindner, Gesch. des d. Liedes 1871. Musikbeil. S. 84.
68. *Juhai säsä, es ist acho khrodn.* 6 Str. — Oben Nr. 29.
69. *Wenn wir werden in Himmel kommen.* 12 Str. — Mittler Nr. 1323—1325. Meinert S. 99. Hoffmann u. Richter Nr. 269. Firmenich 2, 361. Peter, Volkstüml. aus Oesterr.-Schlesien 1, 334.

D. Bauer und Soldat.

70. *Dieweil vorhanden ist die Zeit.* 18 Str. (1624). — Opel-Cohn, Der dreissigjährige Krieg S. 129 = Ditfurth, Volksl. des dreissigjähr. Kriegs 1882 S. 80 Nr. 37.
71. *O Gott, der Soldat kam nächten heim.* (Bauern-Vaterunser). — Scheible, Die fl. Blätter des 16. u. 17. Jhs. 1850 S. 177. Vgl. Soltau, 100 d. hist. Volksl. S. LXXVI. Meier, Schwäbische Volksl. Nr. 87. Pröhle Nr. 99.
72. *Wann ich wieder ziehe in den Krieg.* 15 Str. — Oben Nr. 9.
73. *Jackele, guck zum Fenster naus.* 6 Str. — Wunderhorn 2, 614 (1876).
74. *Blitz tausend Patronen, Potz Pulver und Blei.* 6 Str. — Berlin Yd 7903, 92, 3.
75. *Gutn Tag, gutn Tag, mein lieber Bauersmann.* 6 Str. — Hoffmann und Richter, Schles. Vl. Nr. 245.
76. *Wenn wir vom Marsch ins Dorf einrücken.* 8 Str. — Schade, Weimar. Jb. 3, 321.
77. *Auf Brüder, auf zum Streit.* 4 Str. — Ditfurth, Fränk. Vl. 2, Nr. 252.
78. *Ach wie schön und wie herrlich.* 3 Str. — Ditfurth 2, Nr. 254b.
79. *O Elend, o Noth, barmherziger Gott.* 7 Str. — Ditfurth, 110 Lieder 1875 S. 234.
80. *Mien Vader heet Hans Vagelnest.* 8 Str. — Hagen u. Büsching Nr. 20. Simrock Nr. 293. Frischbier, Preuss. Volksl. 1877 Nr. 34. Erk, Volkslieder 1, 2 Nr. 68. 2, 4 Nr. 9—11. Berlin Yd 7903, 32, 8. 7906, 14, 5.

E. Des Bauern Gesinde.

81. *Sag mir, Hensslin, trut gesell.* 5 Str. — Fichards Frankf. Archiv 3, 269.
82. *It is ein boiken komen in lant.* 8 (10) Str. — Uhland Nr. 255. Böhme Nr. 191. Nd. Volkslieder 1883 Nr. 135. Bolte, Nd. Jahrbuch 12, 59.
83. *Wenn man beim Bauern dient.* 5 Str. — Mittler Nr. 1485. Simrock Nr. 295. Firmenich 1, 116. Fiedler, Volksl. in Anhalt

1847 S. 197. Woeste, Volksüberl. in der Grafsch. Mark 1848 S 32. Frischbier Nr. 22.
84. *De gebairesch Kneicht sai irenwiert.* 2 Str. — Schuster, Siebenbürg. VI. S. 117, vgl. 120.
85. *Bin koan Baua, bin glei a Knecht.* 9 Str. — Süss S. 56.
86. *Was fangen wir Bauerbuabn an.* 11 Str. — Schlossar Nr. 226.
87. *Montags fangt dö Wochen an.* 7 Str. — Schlossar Nr. 325. Vgl. Schade, Handwerkslieder 1865 S. 176.
88. *Hau Diarn, zwö maogst so machtög sein.* 10 Str. — Süss S. 47.
89. *Wer (so) ein faules Gretchen hat.* 8 Str. — Peter 1, 298. Mittler Nr. 1027 (mit Anm.) — Vgl. Zurmühlen Nr. 147.

F. Liebeswerbung.[1]

90. *Wes sol ich beginnen?* 20 Str. — Hesseloher. Oben Nr. 10.
91. *Ein schultheyss in einem dorffe sass.* 5 Str. — Oben Nr. 12.
92. *Wor is juwe Vader Hoenthei?* 5 Str. — Harnisch 1587 Nr. 12. Uhland Nr. 273. Böhme Nr. 233.
93. *Bistu des Goldschmedes Döchterlin.* 9 Str. — Nd. Volkslieder 1883 Nr. 145. Uhland Nr. 253. Nd. Jahrbuch 12,59.
94. *O Bauernknecht, lass die Röslein stahn.* 3 Str. — Frankf. Liederb. 1582 Nr. 9. Uhland Nr. 252. Böhme Nr. 222. Mittler Nr. 700. Nd. Volkslieder 1883 Nr. 42.
95. *Jäckli, wilst mein Heyrath sein.* 30 Str. — A. Bartsch, Alemannia 17, 69—77. 184—190.
96. *Eas kaontse guat Hänssle hoan von Mistsproata.* 71 Str. (1638). — Stark in Frommanns Deutschen Mundarten 4, 86. Vgl. Weller, Annalen 1, 422. 2, 562.
97. *Liebe Treina, hair, laue dir saga.* 32 V. — Seelmann, Alemannia 8, 84 nach Rango, Orig. Pom. 1684 p. 228. Vgl. Weller, Ann. 1, 422.
98. *Ich bin ein freier Bauernknecht.* 18 Str. — G. Voigtländer, Oden 1642 Nr. 66. Aus späteren Quellen Nicolai, Almanach 2, Nr. 80. Böhme Nr. 453. Ditfurth, 110 Lieder 1875 S. 311.
99. *Geht, ihr Höffling, gehet immer.* 26 Str. — Voigtländer. Oben Nr. 13.
100. *Baschla, wieltu mich nu lieba.* 7 Str. — Oben Nr. 14 A.
101. *Gorga, mustu denn och klinsaln.* 7 Str. — Oben Nr. 14 B.
102. *Kötla, dene Hürla.* 7 Str. — Oben Nr. 15.
103. *Vnd solt ich denn nicht jene zeigen.* 14 Str. — Finckelthauss, Lustige Lieder 1645 Nr. 41. Archiv f. Litgesch. 3, 100.
104. *Wor geistu hen, wor bliffstu doch.* 15 Str. — J. Lauremberg 1653. Niederdeutsches Jahrbuch 13, 45.
104a. *Nu, min dochter, segg van harten.* 32 Str. — Rachel. Sach, Joachim Rachel 1869 S. 51.
105. *Ich kan länger so nicht leben.* 10 Str. — Schoch, Poet. Lust-Blumengarten 1660 Nr. 22.

---

[1] Ein prosaischer Heiratskontrakt 'Ich Franz Dölpel' auf fl. Blättern: Yd 7905, 43. 7909, 1, 3. 7912, 73. 7920, 26.

106. *O du verdammtes Adelleben.* 7 Str. — Des Knaben Wunderhorn 2, 625.
107. *Gott grüss euch, Gevatter Matths, säuberlich.* 3 Str. — Oben Nr. 17.
108. *Ach herzeliebe Bauersfrau.* 10 Str. — Oben Nr. 18.
109. *Schau doch, wie der Hänsel dorten.* 3 Str. — Berlin Yd 5111 Nr. 147. Vgl. Serapeum 1870, 164. Yd 5116, 14.
110. *Verleifft was Stopher Sauteschmack.* 6 Str. — Rothmann, Lustiger Poete 1711 S. 197.
111. *Gritte, willstu dich bequama.* 6 Str. — Stoppe, Gedichte 2, 65 (1729).
112. *Wenn der selt menn Broitgma sahn.* 7 Str. — Oben Nr. 16.
113. *Sagt, ihr Nymphen in der Stadt.* 7 Str. — Sperontes (Scholze), Singende Muse, 2. Forts. 1743 Nr. 27.
114. *Ich liebe die Freyheit und habe zur Zeit.* 6 Str. — Sperontes ebd. Nr. 26. Ein Gegenstück ist Nr. 25: 'Erzürnt euch, ihr Mädgen vom Lande nur nicht'.
115. *Rühmt mir des Schulzen Tochter nicht.* 20 Str. — Hagedorn, Poetische Werke 1760 3, 71. Berlin Yd 7903, 12. 7909, 24, 2.
116. *Ach Susel, merck uff meyn Gehewl.* 7 Str. — Nicolai 1, Nr. 21.
117. *Kumm, Grite, gyb mir flucks an Schmatz.* 5 Str. — Nicolai 2, Nr. 18.
118. *Heida lustig, ich bin Hans.* 4 Str. — G. W. Burmann, Lieder 1774 S. 130. Schulz, Lieder im Volkston 2, 18 (1785). Berlin Yd 7904, 44, 3. 4. 7914, 2, 39. 40. 7915, 10, 5. Auch als 9stroph. Dialog Yd 7914, 5, 22.
119. *Mein guter Michel liebet mich.* 8 Str. — Berger, Gedichte 1777 S. 7. Erk, Volksl. 2, 4 Nr. 50. Zurmüblen, Des Dülkener Fiedlers Liederbuch 1875 Nr. 9. Walter, Volksl. Nr. 33.
120. *Mein trauter Michel ist so gut.* 8 Str. — Schubart, Sämtl. Ged. 1828 3, 76.
121. *So herzig wie mein Liesel.* 6 Str. – Schubart 3, 42 (1786).
122. *So herzig wie mein Hannes.* 2 Str. — G. Schaller 1789. Alemannia 13, 154.
123. *Ich bin der Hexe gar zu gut.* 6 Str. — Tiedge, Göttinger Musenalm. 1786, 86.
124. *Die Mädchen vom Lande.* 11 Str. — Gleim 1796. Erk, Volksl. 2, 1 Nr. 26.
125. *Die Mädchen vom Lande sind ebenso fein.* 2 Str. — Berlin Yd 7903, 31, 4.
126. *Und wenn i an mei Graita denk.* 8 Str. — Alemannia 16, 239.
127. *Honns, du bist en Hartensjunge.* 13 Str. — Oben Nr. 19.
128. *Hör man Gretke, wat man segt.* 8 Str. — Frischbier Nr. 7.
129. *Hanske lep den Barg heraf.* 5 Str. — Frischbier Nr. 8.
130. *Weiss ich mir ein schöne Bauerndiern.* 8 Str. — Berlin Yd 7906, 42, 4.
131. *Es ist fürwahr kein bessers Leben.* 6 Str. — Berlin Yd 7909, 5, 4.
132. *Komm, wir wolln ins Dorf hineingehn.* 9 Str. — Berlin Yd 7914, 2, 45.
133. *Kumm, mei liebes Gretel.* 7 Str. — Radlof 1, 235.

134. *Bin ich ein Mensch ganz rund und toll.* 12 Str. — Berlin Yd 7909, 86, 6.
135. *Menschla mit a rutha Backa.* 11 Str. — Firmenich 2, 276.
136. *Mein Töffel ist ein Mann für mich.* 3 Str. — Berlin Yd 7917.
137. *Mein Steffel der ist gar ein lustiger Bub.* 3 Str. — Berlin Yd 7904, 2, 4. 7914, 2, 33.
138. *Lüdkes, ach bedurt mi doch.* 6 Str. — Frischbier Nr. 4, 1. Radlof 1, 291. Firmenich 1, 117. Erk, Volksl. 3, 1 Nr. 16.
139. *Wo mach doch nu min Kröstjan sin.* 6 Str. — Frischbier Nr. 4, 2.
140. *Män Kristian, mai änzig Laba.* 6 Str. — Peter 1, 229.
141. *An ich sol a werklich liba.* 5 Str. — Peter 1, 231.
142. *Mein Schätzchen ist ein Flegel.* 12 Str. — Berlin Yd 7914, 4, 9.
143. *I hoon a Schoz, s heisst Onnemei.* 5 Str. — Firmenich 2, 549.

G. Cupido bei den Bauern.

144. *Die Nacht hat frueh angfangen.* 17 Str. — Berliner Ms. germ. oct. 230, S. 221.
145. *Mey, soit mer ock, war Cupido gawasa.* 8 Str. — Oben Nr. 20.
146. *Als ich bei dunkler Nacht.* 87 V. — Wunderhorn 2, 8 (1876). Alemannia 8, 57. Berlin Yd 7909, 45, 4.

H. Edelmann und Bauerndirne.

147. *Hör doch, Gretchen, nur zwei Worte.* 8 Str. — Frischbier Nr. 5, 1. Weimarisches Jahrb. 2, 192. Erk, Volksl. 3, 1 Nr. 32. Berlin Yd 5166, 34. 5178, S. 30. 7903, 26, 2. 7909, 11, 5. 7922, 10, 1. 7925, 32, 1.
148. *Sag, o Schönste, willst du lieben.* 7 Str. — Frischbier Nr. 5, 2. Firmenich 3, 109. Berlin Yd 7917, 21, 3.
149. *Komm doch, du schönes Bauermädchen.* 6 Str. — Frischbier Nr. 5, 3.
150. *Guten Morgen, Lischen, liebes Kind.* 5 Str. — Frischbier Nr. 5, 4. Berlin Yd 7903, 21, 1. 7913, 3, 7. 7921, 25, 2.
151. *Lieber kleiner holder Engel.* 6 Str. — Berlin Yd 7903, 100, 1.
152. *Liebe kleine lose Mücke.* — Berlin Yd 7906, 55.
153. *Catrinchen, ich dich grüsse.* 12 Str. — Berlin Yd 7914, 1, 3.

J. Bauernhochzeit.

Vgl. die Schilderungen in Lassbergs Liedersaal 3, 399 Nr. 226: 'Der jung maiger Bärschi' und im Liederbuch der Hätzlerin S. 259: 'Es war ain mair, hiess Betz' (Goedeke, Grdr.² 1, 297). Ferner Heinrich von Wittenweiler, Der Ring ed. Bechstein 1851 S. 141.

154. *Von üppiglichen dingen.* 13 Str. — Heselloher. Uhland Nr. 249. Böhme Nr. 451. R. v. Liliencron, Deutsches Leben im Volkslied 1885 Nr. 107. Vgl. Uhland, Schriften 4, 222.
155. *Es wolt ein pauer hochzeit han.* 3 Str. — Uhland Nr. 247. Mittler Nr. 42.
156. *Ydt wolt een Bur een Bruthlacht hebben.* 17 Str. — Oben Nr. 21.

157. *Ein armer man wolt weiben.* 11 Str. — Böhme Nr. 236. Vgl. Uhland Nr. 277—279.
158. *Es wollt ein alt Mann Hochzeit han.* 14 Str. — Oben Nr. 23.
159. *Man geiget der Braut zur Kirchenthür hinein.* 10 Str. — Tobler 1, 153.
160. *Ei du mein schöne Margret, hättest du mich.* 10 Str. — Tobler 1, 151. Vgl. Köhler, Alte Bergmannslieder 1858 Nr. 16.
161. *Es hat Kuntz Klotz mit Trineken Potz.* 4 Str. — Voigtländer, Oden 1642 Nr. 80.
162. *Eine reiche Magd hat Matz.* 6 Str. — Voigtländer. Oben Nr. 25.
163. *Als Schulten Hans de Köste gaf.* 20 Str. — Oben Nr. 22.
164. *Een Buhrknecht gieng woll na de Köst.* 13 Str. — Berlin Yd 7924, 25, 3.
165. *De blinne Jost hadd ene Deeren.* 13 Str. — Kretzschmer und Zuccalmaglio 2, Nr. 851. Erk, Volksl. 2, 4 Nr. 64.
166. *Hiarmen haa n proper Deeren.* 14 Str. — Firmenich 1, 857.
167. *Wenn ich nur ein Mädchen hätte.* 18 Str. — Berlin Yd 7912, 73.
168. *Hort zu, ihr jungen Gesellen fein.* 13 Str. — Oben Nr. 24.
169. *Loset auf und hairet zu.* 25 Str. — Berlin Yd 7923, 7.
170. *Es ist nit guet, dass seyg der Mönsch eleinig.* 22 Str. — Berlin Yd 7924, 20, 1.
171. *Bin willen e werti Töchter gsi.* 3 Str. — Wyss, Kuhreihen S. 55. Tobler 2, 201.
172. *Heut sand Nachbarsleut.* 6 Str. — Kretzschmer und Zuccalmaglio 2, Nr. 325. Berlin Yd 7905, 77, 1. 7906, 53.
173. *Juchhe, Hochtied! Hochtied is hüt.* 12 Str. — W. Bornemann, Gedichte 1810 S. 18. Erk, Volksl. 3, 1 Nr. 40. Frischbier Nr. 27. Berlin Yd 7903, 96, 1.
174. *Wie wil hooren een nieuw lied.* 8 Str. — Hoffmann, Nld. Volkslieder ² Nr. 149. Snellaert, Oude en nieuwe liedjes ² 1864 Nr. 92.
175. *Het zou een boer zijn dochter uitgeven.* 8 Str. — Hoffmann Nr. 165.

K. Kindelbier.
176. *Mess-Gerkens Grete is Lübkens Wif.* — G. Niege. Oben Nr. 26.
177. *Grüss'g Gevatter meine Liese.* 13 Str. — Berlin Yd 7913, 12, 1.
178. *Juch, Gevaddersblüd, Kindelbeer is hüd.* 11 Str. — Bornemann, Gedichte⁷ 1868 S. 45. Berlin Yd 7913, 12, 1.

L. Bauernkalender.
179. *Der lieb herr sant Mathias.* 24 Str. — Rosenblüt. Keller, Fastnachtspiele 3, 1103. Überarbeitet von Cuntz Hase: Böhme Nr. 452. Liliencron 1885 Nr. 40. Vgl. Matthias, Mitt. d. Vereins f. Gesch. v. Nürnberg 7 (1888) S. 65 f.

M. Bauerntanz. Kirmes.¹)
180. *Herr wirt, uns durstet also sere.* 6 Str. — Oswald von Wolkenstein S. 165 ed. Weber 1847.

---

¹) Verloren ist ein 1552 citiertes Lied: 'Die bawren bei der linden' (Böhme zu Nr. 403.)

181. *Ich weiss ain dörppel, heisst der Glantz.* 8 Str. — Fichards Frankf. Archiv 3, 283.
182. *Es gieng ein wolgezogner knecht.* 3 Str. — Heinr. Finck, Lieder 1536 Nr. 47. Uhland Nr. 250. Böhme Nr. 57.
183. *Was wöllen wir aber heben an.* 9 Str. — Bergreien 1536 Nr. 42. Uhland Nr. 245. Böhme Nr. 449. Goedeke u. Tittmann, Liederbuch S. 119.
184. *Wolt ir hören ein newes geleis.* 6 Str. — Bergreien Nr. 47. Uhland Nr. 246. Mittler Nr. 43.
185. *Fürwitz der kramer hat vil war.* 14 Str. — Bergreien Nr. 13. Uhland Nr. 242. Nicolai 1, Nr. 15. Goedeke u. Tittmann S. 169.
186. *Jetzund kommt die lustige Zeit.* 8 Str. — Zeitvertreiber Nr. 123. Hoffmann, Gesellschaftslieder* Nr. 350.
187. *Zu Felsberg bat mich Klette.* 14 Str. — H. Kornmann 1614. Hagen und Büsching, Volksl. Nr. 120. Wunderhorn 2, 340. Böhme Nr. 460, Vgl. Kirchhoff, Wendunmut 1, 361.
188. *Jetzund in den kurzen Tagen.* 7 Str. — Finckelthaus, Lustige Lieder 1645 Nr. 40. Arch. f. Litgesch. 3, 96.
189. *Hanss Vaer dey wal eis mit Greitgen spatzeiren.* 20 Str. — Rothmann, Lustiger Poete 1711 S. 54.
190. *Auf, ihr Bursche, sitt vull Freda.* 8 Str. — Oben Nr. 27.
191. *Matz der hoat a Dautelsack.* 4 Str. — Nicolai, Almanach 2, Nr. 16. Radlof, Mustersaal 1, 203.
192. *All enk Nochborsleuten hob ich onzudeuten.* 6 Str. — Kretzschmer und Zuccalmaglio 2, Nr. 324. Schlossar Nr. 353. Berlin Yd 7905, 76, 1. 7906, 53. 7920, 49, 2.
193. *So tretn wir nun herfüre.* 9 Str. — Büschings Wöch. Nachr. 4, 399. Erlach 3, 60. Erk, Volksl. 1, 4 Nr. 25.
194. *Wer zur Kirms will gehen.* 3 Str. — Hruschka u. Toischer, Volksl. aus Böhmen S. 62. Berlin Yd 7912, 3, 2. 7912, 78, 6. 5171, 1 (7 Str.).
195. *Heut ist unser Kerwasschmaus.* 15 Str. — Berlin Yd 7905, 53, 2. 7906, 68, 1. 7921, 15, 1 (18 Str.). Vgl. Fiedler, Volksl. in Anhalt 1847 S. 197.
196. *Gott gröiss enk allzsamm, satts halt scho af.* 12 Str. — Firmenich 3, 613. Hruschka u. Toischer S. 67.
197. *Bann des Groumet off der Bore.* 13 Str. — Firmenich 2, 112. 116.
198. *Wenn wir etze zu der Kermes kommen.* 17 Str. — Firmenich 2, 357.
199. *Z' Egaland, wenn Kirwa is.* 9 Str. — Hruschka und Toischer S. 68.
200. *Am Sunta soll Kirwa san.* 2 Str. — ebd. S. 69.
201. *Nun ist die liebe Kirmes aus.* 6 Str. — Berlin Yd 7914, 2, 56.
202. *Der Schäfer putzte sich zum Tanz.* 4 Str. — Goethe (vor 1795). Vgl. Hehn, Gedanken über Goethe 1887 S. 260 f.

N. In der Schenke.

203. *Drey bauren sassen bey dem weine.* 8 Str. im Rosenton. — Berlin Yd 8525. 8526.
204. *Nochba, wos thoust su dau stöhn?* 15 Str. (1668) — Alemannia 18, 62.

205. *Hiazt hama den Schimmel verkauft.* 2 Str. — Schlossar Nr. 215. Vgl. Meier, Schwäb. Volkslieder Nr. 141.
206. *Do woar ich naichta ei dar Schenke.* 6 Str. — Firmenich 2, 848.
207. *Sagt mir an, was schmunzelt ihr?* 7 Str. — J. H. Voss, 1776. Mel. von J. A. P. Schulz, Gesänge 1779 S. 42.
208. *Liebe Deutsche, Beidasch, geh mer.* 3 Str. — Oben Nr. 28 A.
209. *Wenn ich werde mein Heu verkaufen.* — Oben Nr. 28 B.

O. Wallfahrt.

210. *Die Binschgauer wollten wallfahrten gahn.* 8 Str. — Erk, Volksl. 1, 1 Nr. 17. Liederhort Nr. 191. Hagen und Büsching Nr. 55. Simrock Nr. 341. Berlin Yd 7919, 6. 57, 1.
211. *So stellen wir ein Kirchfort an.* 10 Str. — Alemannia 12, 114 f.
212. *Jetzt stellat Baura an Kreuzgang an.* 8 Str. — Walter Nr. 67.
213. *As gung amol a Bauarsmon.* 8 Str. — Süss S. 111 f.

P. Allerlei Necklieder.

214. *Ein Dorf in einem Bauren sass.* Frankf. Liederb. 1582 Nr. 235. Böhme Nr. 277 b. Vgl. M. Frank, Quodlibet 1611 Nr. 7.
215. *In unsers Nachbarn Brosius Haus.* 6 Str. — Hoffmann, Gesellschaftsl." Nr. 346.
216. *Es ist ein Baur in Brunnen gefallen.* — Böhme Nr. 464. Bolte, Nd. Jahrbuch 12, 64.
217. *Plompert on sin Wieveke.* 3 Str. — Zurmühlen Nr. 71. Hoffmann, Nld. Volksl. Nr. 133.
218. *Een boerman had een dommen sin.* 9 Str. — Antwerp. Liederb. 1544 Nr. 85. Böhme Nr. 82.
219. *Es gingen drei bauern und suchten ein bern.* 3 Str. — Böhme Nr. 460. Liliencron 1885 Nr. 140.
220. *Henneke Knecht, wat wultu don?* 14 Str. — Uhland Nr. 171. Böhme Nr. 463. Nd. Volksl. 1883 Nr. 93. Antwerp. Liederb. 1544 Nr. 12.
221. *Die Bauern von St. Pölten.* 20 Str. — Oben Nr. 30.
222. *Eins bauren son hat sich vermessen.* 6 Str. — Frankf. Liederb. 1582 Nr. 232. Uhland Nr. 251. Hoffmann, Gesellsch. Nr. 341. Böhme Nr. 462. Alemannia 16, 72.
223. *Nägstn ist ä Malzeit gwest.* 14 Str. — Berliner Ms. germ. oct. 230, S. 177.
223a. *Unser Görge der lange.* 7 Str. — Berlin Yd 7856, 13, 2.
224. *Et let sek en Buur en Paltrock schnien.* 9 Str. — Firmenich 1, 170. 426. Böhme Nr. 461. Eitner, Das d. Lied 2, 251. Land, Tijdschr. voor Noord-Nederl. Muziekgeschiedenis 1, 168. Zurmühlen Nr. 1. 2.
225. *Da Baua vakauft sain Akr und Pfluag.* 13 Str. — Mittler Nr. 1537 (Anm.) Hoffmann, Findlinge 1, 74. Schade, Handwerksl. S. 245. Berlin Yd 7920, 48, 5. Ye 491. Erk, Volksl. 2, 3 Nr. 6.
226. *Faatr, käft mr ach än Zepplpälz.* 11 Str. — Peter 1, 337. Berlin Yd 7911, 33, 5.

227. *Ir lieben herrn, nun schweiget stil.* 13 Str. — Meisterlied. Goedeke und Tittmann, Liederbuch S. 369.
228. *Ein Einfalt zu dem Pfarrherrn sprach.* — N. Zangius, Lieder 1597 Nr. 16. Hoffmann, Gesellsch.* Nr. 344.
229. *Mei Sihnla, doas verbrühte Kind.* 10 Str. — Hsl. an Sperontes, Sing. Muse 1736. Radlof 1, 234 hat 5 Str.
230. *Wenn die Bure z' Acher fahren.* 5 Str. — Tobler 1, 158.
231. Der Bauer in der Stadtkirche (oder im Theater). Erk, Volksl. 1, 3 Nr. 68. 1, 5 Nr. 33. 2, 1 Nr. 43. Firmenich 2, 176. 181. 188. Frischbier Nr. 25. Radlof 1, 156. Berlin Yd 7906, 56. 7925, 45, 4. — Radlof 1, 258. Firmenich 2, 176. 3, 278. Berlin Yd 7907, 37, 4. 7912, 106, 4. (Vgl. Jellinghaus, Nd. Bauernkomödien 1880 S. 154. 235. Memel, Lustige Gesellsch. Nr. 2).
232. *Ick bin ein liffländisch (kolmischer) Bur.* — E. Pabst, Das alte auf unsre Undeutschen gedichtete Liedlein. Reval 1848. Töppen, Altpreuss. Monatsschr. 9, 537 (1873).

Q. Historische Lieder (vgl. Abt. D).

233. Über die Bauernaufstände zu Anfang des 16. Jahrh. vgl. R. v. Liliencron, Die histor. Volkslieder der Deutschen 3, Nr. 284—286. 298. 374—392. Gengenbach ed. Goedeke 1856 S. 23. 386.
234. *An ainem Pfincztag erhub sich ain Grollen.* 36 Str. (vor 1570). — Oben Nr. 81.
235. *Weil Rusticus der Paur.* 12 Str. (1597). — Karajan, Frühlingsgabe 1837 S. 53.
235a. *Hascha jhr Nachbawrn vnd Bawren.* 55 Str. (1627). — Histor.-polit. Blätter 1854, 945—970. Czerny, Bilder aus der Zeit der Bauernunruhen in Oberösterreich 1876 S. 133—156. — Vgl. Scheible, Schaltjahr 3, 65. 5, 59 (1847).
236. *Gott grüss dich, lieber bairischer Baur.* 24 Str. (1632). — Oben Nr. 32.
237. *Was wöllen wir aber singen.* 17 Str. (1633). — Alemannia 16, 204.
238. *Freund, wo suet dy de Brock so root.* 32 Str. (1646). — J. P. de Memel, Lustige Gesellschaft 1656 Nr. 367.
239. *Huy, huy, lustö, seids wol auf.* 27 Str. (1685). — Berliner Ms. germ. oct. 230, S. 163.
240. *Ey leiba Gvatter Hanso! Was sagt man nur aufs neu.* 25 Str. (1689). — J. M. Wagner, Die deutschen Mundarten 7, 243.
241. *Fort ihr Buben.* 10 Str. (1703). — Ditfurth, Hist. Vl. von 1648 bis 1756 (1877) S. 231.
242. *Bas neues, Napper Hillebrand.* 10 Str. (1758). — Wolff, Die histor. Volksl. S. 742.

Verzeichnis der abgedruckten Lieder.

Ach hertzeliebe Bauersfrau	Nr. 18
Ach ich bin wol ein armer Baur (schwäbisch)	8 A
Als Schulten Hans de Köste gaf (niederdeutsch)	22
An ainem Phincztag erhub sich ain Grollen (tirolisch)	31
Auf, ihr Bursche, sitt vull Freda (obersächsisch)	27
Baschla, wielstu mich nu lieba (schlesisch)	14 A
Das Baurenwerk ist nix mehr werth (schwäbisch)	8 B
Die Bauren von St. Bildten	30
Eine reiche Magd hat Matz (Voigtländer)	25
Ein Sach nehm ich zu Muth	1
Ein schultheyss in einem dorffe sass	12
Es lebe der werthe Bauersmann	5
Es wolt ein alt Mann Hochzeit han	23
Geht, ihr Höffling, gehet immer (Voigtländer)	13
Gorga, mustu denn och klinsaln (schlesisch)	14 B
Gott grüss dich, lieber bayrischer Bauer	32
Gott grüss euch, Gevatter Matths, säuberlich	17
Honns, du bist een Hartensjunge (niederdeutsch)	19
Hort zu, ihr jungen Gesellen fein	24
I bin a Baur und bins recht geren (bairisch)	6
(Ich hab etwas vernumen	Anh. II)
Ju hai, sä sä, es ist scho khrodn (bairisch)	29
Kätla, dene Härla (schlesisch)	15
Komm nur, hör, mein Bauersmann	3
Liebe Deutsche, Beidasch, geh mer (österreichisch)	28 A
Losts auf, es Baurn im Dorff (bairisch)	7
Mess-Gerkens Grete is Lübkens Wif (Niege. niederdeutsch)	26
Mey, soit mer ock, war Cupido gawasa (schlesisch)	20
Mir ist gesagt von einem gatten (Heselloher)	11
Nun merckend auff, jhr lieben Freund	2
(Schweygt vnd nempt in ewr synn	Anh. I)
So freue dich, lieber Bauersmann	4
Tantzen het ich mich vermessen (Heselloher)	zu 11

Wann ich wieder ziehe in den Krieg   9
Wenn der selt menn Broitgma sahn (schlesisch)   16
Wenn ich werd mei Heu verkaufen (österreichisch). . . . . . .   28 B
Wes sol ich beginnen (Heselloher)   10
Ydt wolt een Buwr een Brutlacht hebben (niederdeutsch)   21

Inhalt.

Vorwort . . . . S. 5
Lieder (Nr. 1—32)   13
Anhang I. Der Bawrn Lob   109
        II. Der Bawrn Hofart   112
       III. Verzeichnis von Liedern über den Bauernstand   119

Nachträge.

S. 17, Z. 4 l. Wein.
S. 19, Z. 16 l. Yd 7854, 31.
S. 51, Z. 5 und 4 v. u. lies:
  her ölscn zolss, her schollentrit,
  kan tantzen nach dem newen sytt.
S. 52, letzte Z. l. 8_1 statt 7_1 und 12_1 ress, heftig, ungestüm.
S. 61, Z. 17 l. Nr. 14—15.
S. 74, Z. 13 füge hinzu; Str. 1 und 2 von Nr. 20 begegnen auch in einem 1807 zu Wien gedruckten Liede: 'Sobald man hat gheurath' (Berlin Yd 7910, 51, 8).
S. 84, Z. 2 l. grosse.
S. 84, Z. 12 füge hinzu: Eine zwölfstrophige Fassung von Nr. 24 enthält das Venus-Gärtlein, Hamburg 1659 S. 206: 'Joseph, liebster Joseph mein'.
S. 85, letzte Zeile l. 4,8 Stücke Dr.
S. 93, letzte Z. füge hinzu: 3, $_1$ csillek, springt.
S. 118, vorletzte Z. l. Surköt; letzte Z. l. rordach, strodach.
S. 120, Nr. 21 a. *Als ich newlich ausspatzirte.* 15 Str. — J. P. de Memel, Lustige Gesellschaft 1656 S. 239.
S. 121, Nr. 42 füge hinzu: Mel. bei Böhme Nr. 588 und Bäumker 2, Nr. 436.
S. 122, Nr. 71 füge hinzu: Prutz, Deutsches Museum 1855, 2, 769. Jahrbuch für Gesch. Elsass-Lothringens 5, 112. Weller, Lieder des dreissigjährigen Krieges 1855, S. 61.
S. 122, Nr. 72 a. *Wer wolt ihm bessre Lust erwehlen.* 12 Str. — Peucker, Paucke 1702 Nr. 87 (1654).
S. 124, Nr. 124 l. *Du Mädchen vom Lande, wie bist du so schön!* und füge hinzu: Berlin Yd 7903, 92, 3 (6 Str.).
S. 124, Nr. 125 füge hinzu: Yd 7921, 12, 2.
S. 125, Nr. 136 l. C. F. Weisse, Die Jagd (1770). Berlin Yd 7910, 2, 4
S. 125, Nr. 137 füge hinzu: Yd 7919, 42, 3.
S. 126, Nr. 178 l. Yd 7903, 103, 1.
S. 128, Nr. 214 l. sass. 3 Str. —

Punkte sind ausgefallen hinter S. 49, Str. 16, 3 und S. 114, V. 46.
In der Musikbeilage ist die letzte Note im 5. Takte von Nr. 14 A in ein Viertel zu verwandeln und im 6. Takte von Nr. 16 hinter der ersten Note ein Punkt einzuschieben. Nr. 29, Z. 1 lies khrodu.